マンガでよくわかる
エッセンシャル思考
最少の時間で成果を最大にする

グレッグ・マキューン＝著
高橋璃子＝訳
星井博文＝シナリオ制作
サノマリナ＝作画

かんき出版

essentialism by Greg McKeown

This translation published by arrangement with Crown Business,
an imprint of the Crown Publishing Group, a division of Penguin Random House LLC
through Japan UNI Agency, Inc., Tokyo
Book art design, illustrations, and jacket design by Amy Hayes Stellhorn
and her team at Big Monacle in collaboration with Maria Elias.

主な登場人物

田辺 貴代
（たなべ きよ）

○△小学校３年３組の担任。
頼まれた仕事をすぐに引き受ける
まじめながんばり屋。
趣味は読書。

前沢 塁
（まえざわ るい）

貴代の幼なじみ。
同窓会で再会した貴代に、
エッセンシャル思考を教える。
趣味は読書。

渡辺 真子
（わたなべ まこ）

○△小学校３年１組の担任。
貴代の先輩教師。
後輩に厳しくてがんこ。
非エッセンシャル思考の持ち主。

3年2組の担任

3年4組の担任

PART 2

見極める技術

PART 3

捨てる技術

PART 4

しくみ化する技術

Epilogue

エッセンシャル思考で人生を変える

編集協力／トレンド・プロ
シナリオ制作／星井博文
カバーイラスト・作画／サノマリナ
協力／山岸美夕紀
本文デザイン・DTP／松好那名（matt's work）

Prologue

エッセンシャル思考と非エッセンシャル思考

Story0 再会する
田辺先生
はい
3年3組担任
田辺 貴代（26歳）
先生がつくった このプリント よくできてますね
うちの クラスの分も いただいて いいですか？
ここのクラスの表記 うちのクラスに変えて もらっていいですか？
3年3組 No.8
あすなろ
～・～・てっとり早い暗記方法～・～・
今週
え
いいですよ
そしたら 申し訳ないんですが…

あ…
はい
すみません よろしく お願いします
センセーと やりたーい
生徒が 田辺先生と 新しい部活 したいって
わかりました
田辺先生 保護者からの 相談にのって もらえませんか？
はい
先生
田辺先生
はい
センセー
は～い
田辺先生
なんですかっ
教頭先生
ちょっと いいかな
会議室
え…
私が 学年主任？

けど私まだ…4年目ですよ…
田辺先生優秀だからみんなからも是非って
えーと
お願いできないかな
わ…わかりました…
居酒屋
二十五時
六多小学校 6年2組 同窓会
ワイ
ワイ
ワイ
それにしてももったいないよな
優秀な貴代が地元の小学校の先生なんて
大企業で働くと思ってたよ
学校の先生になるのがずっと夢だったの
おーい
この春から学年主任になっちゃって大変なんだ
ガヤ
ガヤ
へぇ主任なんて忙しそうだね

そういえば小学校の時も生徒会長とかやってたな
生き物係もやってたっけ
よく覚えてるね…
そういえば前沢 塁は？
ドゞ
ギッ
仕事だって言ってたな
でもそろそろ来るんじゃない？
ドキ
ドキ
ドキ
ドキ
前沢 塁くん―
図書室
パタン
ハリー・ポッターと賢者の岩
ぐび
田辺さんもう読み終わったの
うん
楽しいね
うん

小学校の頃
いつも一緒に
図書室にいた
前沢くん
この作者の
気持ちを
考えると
胸が苦しく
なるね
どんな男性に
なったんだろう…
噂では海外の
コンサルティング会社で
働いてるって聞いたよ
すごいじゃん
あの本の虫がねぇ
ドキドキ
そうなんだ…
前沢
来たぞ
ドキッ
前沢くん
ハロー♪
みんな元気
だったあ?
え…!?

みんな老けたなぁ
もうおっさんじゃん
これが…あの前沢くん…？
イメージと違う…
おお貴代ちゃん!?
ズイ
わぁ
キレイになったねぇ
き…貴代ちゃん…
昔は田辺さんって言ってたのに…
田辺さん
聞いたよ学校の先生になったんだって
どかっ
夢叶《かな》えたね
先生っていっつも疲れた顔してるじゃん
雑用ばっかりで周りに振りまわされているんでしょ
もっと生徒のために本質を突き詰めてさぁ…
こらこらっ
何言ってんのっっ
そんな簡単な仕事じゃないの
え
好きなことだけやってる？

授業だけが仕事じゃないの
指導計画書の作成や
テストの答え合わせ
保護者の対応
遠足の手配
各種集金
ギュッ
それに学年主任になったから
仕事が増えてもう目が回る忙しさ
好きなことだけなんてやってられないよ
だったらさ

断れば いいじゃん
ガタッ
そんなこと できるわけ ないでしょ
できるよ
エッセンシャル思考を学べば 誰だって 断ることは できる
もう やめなよー
何言ってんだ?
エッセンシャル?
は?

実は俺も1年前までは平均睡眠時間3時間で仕事をしていたんだ
え…
取引先が海外だったから飛び回っていた
ゴォォォ
ォォ…
そんな時偶然ある男性が隣に座ってね
Hey!
寝る間を惜しんで仕事をしている俺に一冊の本をくれた
それが「エッセンシャル思考」との出会いだったんだ
essentialism
GREG McKEOWN
あの日俺の人生が変わったよ
……
何が書いてあったの?

99%の無駄を捨て
1%に集中する
方法さ
99%の無駄を捨て
1%に集中する!?
なにそれい

99%の無駄を捨て1%に集中する
——エッセンシャル思考

あらゆる依頼を引き受けるうちに雑多な業務や用事に忙殺され、やがて自分が何をやっているのか、本来は何をするべきなのか、わからなくなってしまう……。本書の主人公・貴代さんの姿を、他人ごとではないと感じる人も多いのではないでしょうか。

私たちは、膨大な情報と選択肢が存在する時代を生きています。いくつものことを同時にこなせることが優秀な証《あかし》だという考え方が蔓延《まんえん》し、人びとは皆、忙しい日々にもっと多くの活動を詰め込もうと奮闘しています。

「全部手に入れよう、全部やろう」とするうちに、私たちは何かを失っていきます。

自分の時間とエネルギーをどこに注ぐか決められずにいるうちに、上司、同僚、顧客、家族など誰かが私たちのやるべきことを決めてしまいます。そうして思考停止に陥り、自分にとって何が本当に大事なことなのかわからなくなるのです。

あなたの生活を振り返ってみてください。

よく考えずに仕事を引き受け、「なんでこんなことやっているんだろう」と不満に思うことはありませんか？　相手の機嫌を損ねないためだけに依頼を引き受けていませんか？　イエスと言うことに慣れすぎて、思考停止していませんか？

あるいは、どうでもいい作業に追われて仕事ができないと感じたことは？　つねに走りつづけているのに、どこにもたどり着けないような気がすることはありませんか？

どれも大事で選べない、というのは「非エッセンシャル思考」です。

そして、この対極にあるのが本書でお伝えする「エッセンシャル思考」なのです。

より少なく、しかしより良く

商業デザイン界の巨匠、ディター・ラムスは、自らのデザインに対する考え方を、きわめて簡潔に言い表しています。ドイツ語で「Weniger, aber besser」、すなわち「より少なく、しかしより良く」です。

エッセンシャル思考とは、この「より少なく、しかしより良く」を追求する生き方です。ときどき思い出したようにやるだけでは、エッセンシャル思考とはいえません。新年の抱負で「もっと仕事を断ろう」と宣言してみたり、たまに思い立ってメールボックスを整理したりするのではなく、「今、自分は正しいことに力を注いでいるだろうか？」と絶えず問いつづけるのが、エッセンシャル思考の生き方です。

世の中には、ありとあらゆる仕事やチャンスが転がっています。その多くは悪くないものですし、かなり魅力的な話も少なくありません。

ですが、本当に重要なことはめったにないのです。エッセンシャル思考を学べば、そうした玉石混交のなかから、本質的なことだけを見分けられるようになります。

3つの思い込みを捨て、3つの真実に置き換える

エッセンシャル思考はたくさんの瑣末《さまつ》なものごとのなかから、少数の本質的なことだけを選びとる、つまり「99％の無駄を捨て1％に集中する」考え方です。

この思考は、より多くの仕事をこなすためのものではなく、やり方そのものを変えるためのものです。それには、次の3つの思い込みを克服しなくてはなりません。

「やらなくては」
「どれも大事」
「全部できる」

これら3つの嘘《うそ》を捨て、3つの真実に置き換えるのです。

「やらなくては」ではなく、「やると決める」
「どれも大事」ではなく、「大事なものはめったにない」
「全部できる」ではなく、「なんでもできるが、全部はやらない」

この3つの真実が、私たちを混乱から救い出してくれます。本当に大切なことを見極め、最高のパフォーマンスを発揮することが可能になるのです。

エッセンシャル思考を身につけるのは、簡単なことではありません。慣れ親しんだやり方（そしてそれを当たり前と思う人びと）が、つねに私たちを引きずり戻そうとします。

それでも、非エッセンシャル思考の罠《わな》から脱け出し、エッセンシャル思考の考え方を身につけたとき、それは第二の本能のようにしっくりと体になじむことでしょう。

Column

人はなぜ方向性を見失うのか？

まずひとつめは、「選択肢が多すぎる」こと。

ここ10年ほどで私たちの選択肢は急激に増え、何が大事で何がそうでないかを見分けられなくなっています。心理学で「決断疲れ」と呼ばれる状態です。

２つめは、「他人の意見がうるさすぎる」こと。

インターネットを通じて他人の意見がなだれ込み、私たちにああすべきこうすべきとうるさく指図します。これにより、私たちは大きなプレッシャーを感じています。

３つめは、「欲ばりの時代」であること。

テレビのCMはあらゆるものを手に入れろと叫び、企業でも「なんでもできる人」が求められる風潮にあります。

このように、世の中のすみずみにまで浸透した「全部手に入れよう、全部やろう」という考え方から脱却すること。これこそが、エッセンシャル思考の第一歩です。

PART 1

エッセンシャル思考とは何か?

Story1　無駄に気づく

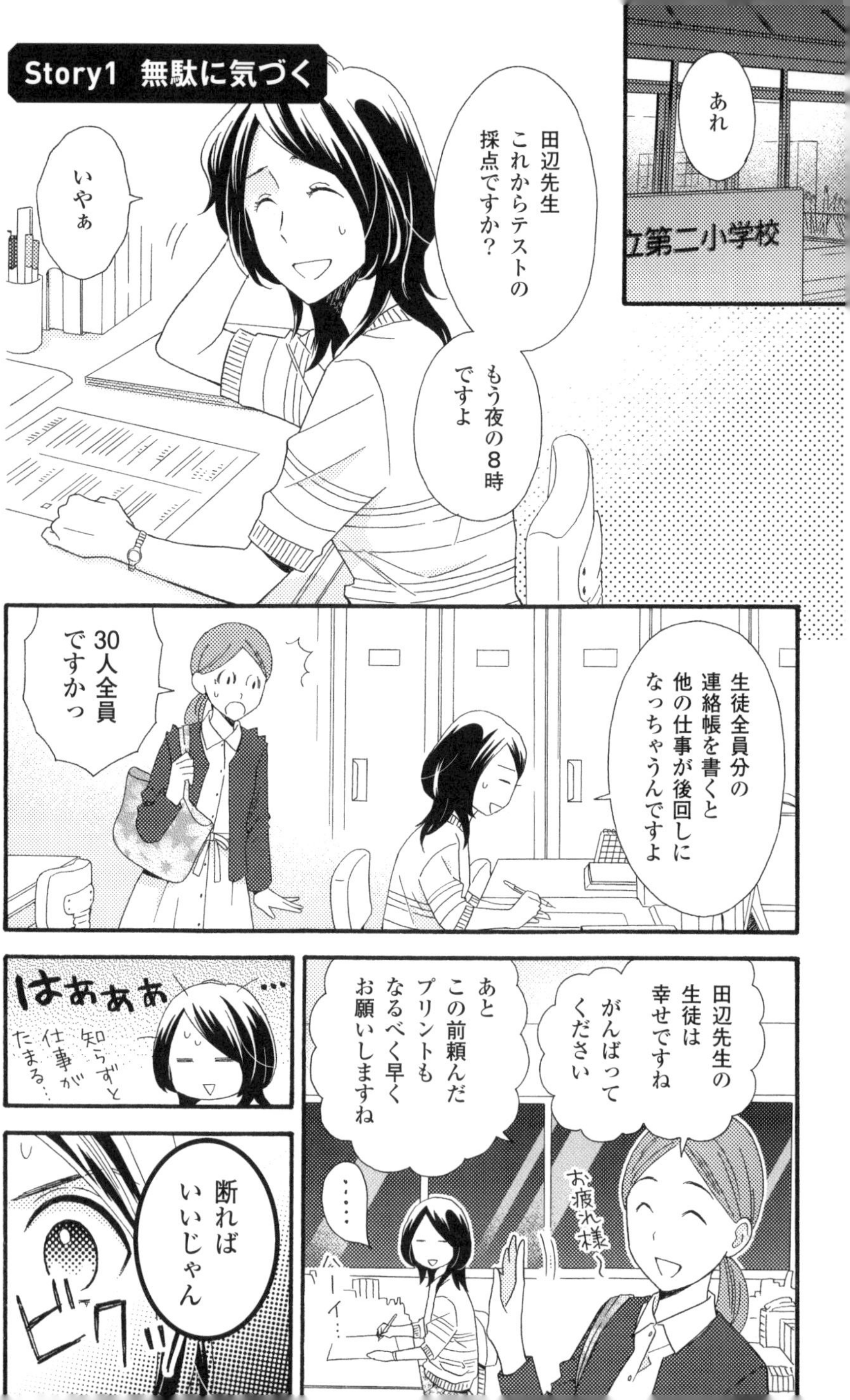

ドッ
……
断ればいいじゃん
昨日の前沢くんの言葉が頭から離れない…
99%の無駄を捨て1%に集中する方法さ
99%の無駄を捨て1%に集中する!?
けど今日は忙しいからまた今度ね
じゃっ!
ええ
何しにきたのやら
結局エッセンシャル思考の話も聞けなかったし…
ブツブツ
!
大変っ早くやらないと帰れないっ
キュッ
大西あい
84

ふぅ…
ようやく終わった
おなかへった…
ぬっ
よっ
やっと来たな
待った待った
前沢くんっ
何してるの？こんな時間にこんなところで
決まってるだろ待ってたんだよ
昨日「また今度」って言ったろ
だからってフツー待ち伏せする…？
それにしても本当にこんな時間まで仕事してるんだ
学校の先生はこう見えても忙しいの
もう仕事終わったでしょ飯行くよ
ちょっと行くなんて言ってないよ

定食 居酒屋
ええ
会社辞めたの？
ああ
もっと質の高い仕事をしたいと思って
質の高いって…
世界でも有名なコンサルティング会社だったんでしょ…？
そうだけど もっと自由に仕事をしたくて
一念発起して飛び出したんだよ
自由って…
何の仕事するの？
コンサルティング会社をつくる予定だったんだけど
自治体から手伝ってくれって依頼がきてさ
グビッ
面白そうな仕事だったから戻ってきたんだ
え…
ゴト…

読書を
子どもたちに
すすめる仕事だよ
読書で人生は
豊かになるだろ
これまでの
仕事に比べたら
めっちゃ地味だし
規模も
小さい
けど…俺自身が
経験したことを
子どもに伝えられる
って最高じゃん
ギュ…
前沢くん…
昔と
変わってない
ところで
貴代ちゃん
ん

最近
本読んでる？
いつからだろう…
読書しないことが
当たり前になったの…
カリ
カリ
カリ
カリ
テスト
（チャイムまで）

前沢くんに
言われるまで
気がつかなかった…
最近
忙しくて
全然かな…
やっぱり
やっぱりって
何よ…
前の会社に
いた時の俺も
そうだったから
社会人
なんだもん…
へへへ…
仕方ない
よね
君の場合は
同僚たちからも
色々と仕事
頼まれてるん
じゃない？
ピクッ
!
なんで
知ってるの…？
グビ
やっぱり
その考え方こそ
典型的な
非エッセンシャル思考だ
だって
私を頼って
くれてるんだから
それに応えたい
って思うのは
普通のことでしょ

え…
優秀で努力する人ほど成功のパラドックスに陥りやすいんだ
どういうこと？
俺も努力家だからよくわかる
どやっ
いいから詳しく教えてよ
なに俺の武勇伝ききたくないの？
また今度ね
多くの人間は成功を求めることで同じような失敗の道を歩むんだ
失敗の道？
第1段階
目標をしっかり見定め
成功へと一直線に進んでいく
第2段階
成功した結果「頼れる人」という評判を得る
お願いします!!
まかせてください
「あの人に任せておけば大丈夫」と言われどんどん多様な仕事を振られるようになる
案件
処理
案件
わかる気がする

第3段階
やることが増えすぎて
時間とエネルギーが
どんどん拡散されていく
疲れるばかりで
すべてが
中途半端になる
エネルギー
そして
第4段階
本当にやる
べきことが
できなくなり
成功したせいで
自分を成功に導いて
くれた方向性を
見失ってしまう
忙しくて
何も
できなーい
……
その結果
規律なき
拡大路線に
陥ってしまって
いるんだよ
これが成功の
パラドックス
私の
ことだ…
ぐっ…
この前の話のつづき
聞かせてよ
エッセンシャル思考
だったら
どうなるの？

エッセンシャル思考とは
ものの見方を大きく変えることが必要なんだ
見方を変える？
エッセンシャル思考の基礎となる3つの考え方を紹介しよう
1つめは「選択」
俺たちは時間とエネルギーの使い道を選ぶことができる
時間
エネルギー
「やらなくては」
⇐
「やると決める」
そして2つめの「ノイズ」
世の中の大半のものがノイズであって重要なものはほとんどない
「どれも大事」
⇐
「大事なものはめったにない」
最後に「トレードオフ」
すべてを手に入れることはできない
つまり「全部終わらせよう」と考えるのをやめて「どの問題がいちばん重要か？」を考える
これをする!!
ビシッ
選択
「全部できる」
⇐
「なんでもできるが、全部はやらない」

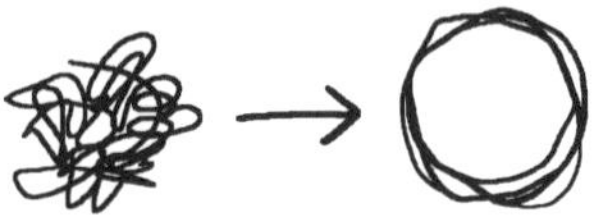

	非エッセンシャル思考	エッセンシャル思考
考え方	**みんな・すべて** ・やらなくては ・どれも大事だ ・全部こなす方法は？	**より少なく、しかしより良く** ・これをやろう ・大事なことは少ない ・何を捨てるべきか？
行動	**やることをでたらめに増やす** ・差し迫ったものからやる ・反射的に「やります」と言う ・期限が迫ると根性でがんばる	**やることを計画的に減らす** ・本当に重要なことを見定める ・大事なこと以外は断る ・あらかじめ障害を取り除いておく
結果	**無力感** ・何もかも中途半端 ・振りまわされている ・何かがおかしい ・疲れきっている	**充実感** ・質の高い仕事ができる ・コントロールしている ・正しいことをやっている ・毎日を楽しんでいる

こうして最高のパフォーマンスを発揮できるようになるんだ
……

でも……
そんな簡単に選ぶことなんてできないよ
ス
トントン
それが思い込みだよ

誰にだって自分で選ぶ権利がある
エッセンシャル思考は自分の選択を自分の手に取り戻すための道のりなんだ
では選択する場に直面した時何を指標として考えるか
お客様黒板勝手に使わないでください
カリカリ
それがこれ
ドン
なぜやるのか？（正しい理由）
いつやるのか？（正しい時期）
何をやるのか？（正しいこと）
そして…
トン
ここここそが最高の成果を発揮する部分
最高の成果って…
そりゃこの図どおりやれれば可能だろうけど
でも…
決断するんだ

「認められたい」という気持ちが邪魔するのはわかる
けど君はエッセンシャル思考非エッセンシャル思考
わ…私は…
キーンコーン
カーンコーン…
田辺先生田辺先生

どちら側に
なりたいんだ？
田辺先生っ
は
はいっ
ビク
もうチャイム
鳴ってますよ
まだー
ブー
ブー
ああ
ごめん
なさいっ
テスト
終わり
ますっ
ガヤ
ガヤ

私は…
あと100回ー
ビュン
ビュン
正しく「減らす」には見極める
次に捨てる
親御さんから君に指名が入ってるよ
あ…はい…
そしてしくみ化する
これポスターよろしく!!
え…
そうすればきっと…
自分の時間を大切にする人生を選べるはずだ
ピ
タッ

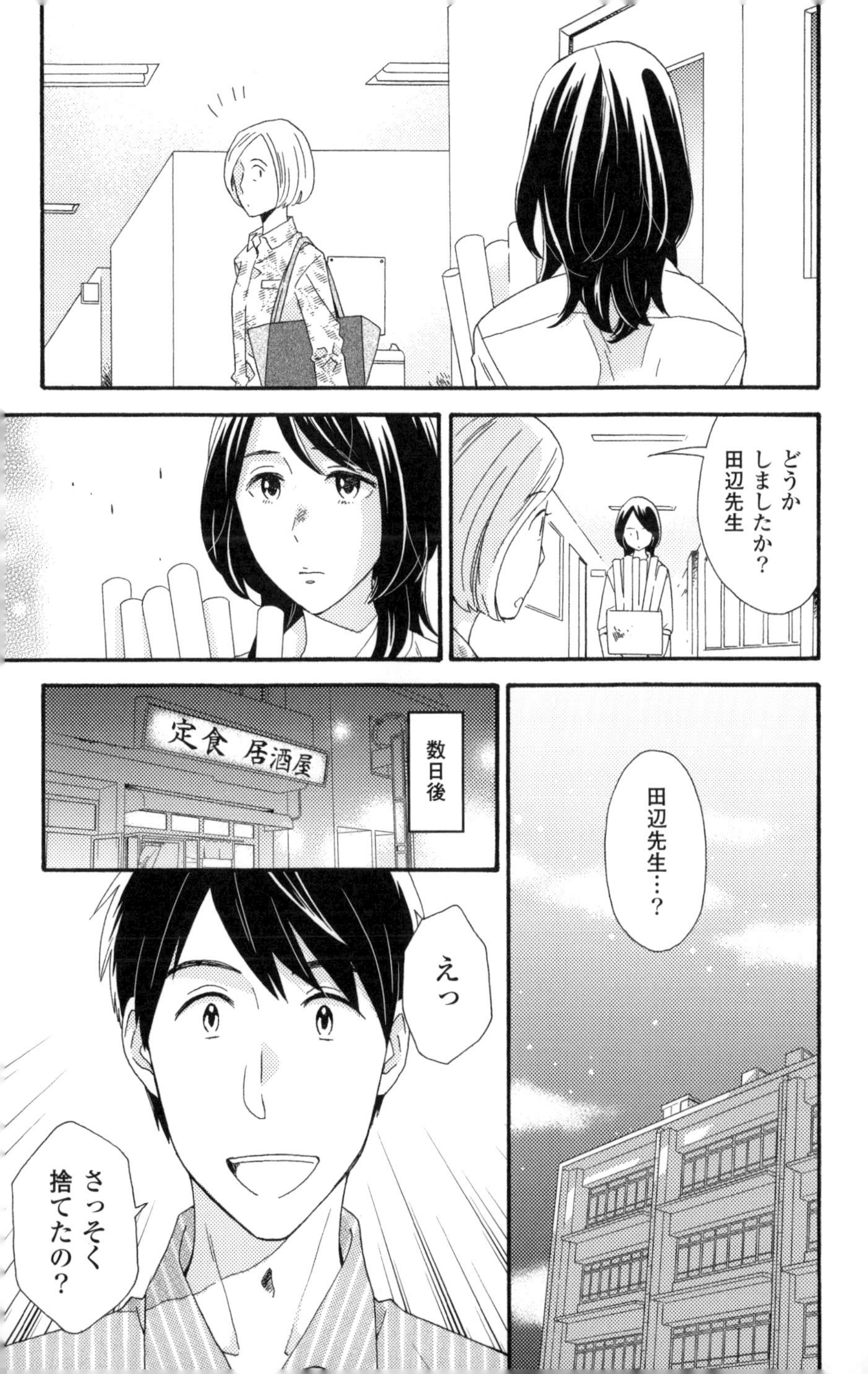
どうかしましたか？田辺先生
数日後
定食 居酒屋
田辺先生…？
えっ
さっそく捨てたの？

捨てたって言わないでよ
人聞きが悪い
選んだのよ…
やるじゃん
ドキ
何をしないことを選んだんだ？
ボソ…
連絡帳…
ん？
全員分の…
連絡帳を書くのやめたの
下校前に全員分メッセージを書くのは大きな時間のロスだったから
気になった生徒だけにメッセージを書くことにしたの
他の先生もそうしてるし…
ずっと…急にやめたら保護者から苦情がくるかもしれない
そう思ってつづけていたけど…
うちの子は学校でどうなんですか
どうしてメッセージがないんですか!?
ブー
ブー
思い切ってやめた反応はどうだった？

全然
反応がない…
ははっ
だろ
言ったろ
世の中のほとんどは無駄なことなんだって
ビールおかわりー
なんか腹立つ…
これで少しは自分の時間ができたろ
よかったじゃん
そうね
もう少しエッセンシャル思考のこと教えて
もちろんさ
この前のこれ落ちないじゃないっスか!!
ゴシゴシ
何使ったんスか!!
あ…
ごめんなさい

優秀な人ほど失敗する可能性が高い

——成功のパラドックス

非エッセンシャル思考の人は、決して「できない人」ではありません。優秀な人ほど、自分にとって大事なことを見分けられなくなることも多いのです。
理由のひとつは、断ることを極端に嫌う世の中の風潮です。なんでも引き受けるのがいいことで、断るのは悪いことのように思われています。こうした風潮のせいで、優秀な人は次のような「成功のパラドックス」に陥ることになるのです。

第1段階
目標をしっかり見定め、成功へと一直線に進んでいく。

第2段階
成功した結果、「頼れる人」という評判を得る。「あの人に任せておけば大丈夫」と言われ、どんどん多様な仕事を振られるようになる。

第3段階

やることが増えすぎて、時間とエネルギーがどんどん拡散されていく。疲れるばかりですべてが中途半端になる。

第4段階

本当にやるべきことができなくなる。成功したせいで、自分を成功に導いてくれた方向性を見失ってしまう。

規律のない拡大路線は失敗する

極論すれば、成功を求めることによって、人は失敗してしまうのです。成功した人はなんでもやろうとしすぎて、そもそも何をやっていたかを忘れてしまいます。

そういった例はどこにでもあります。

たとえばアメリカの有名なビジネスコンサルタントであるジム・コリンズは、著書『ビジョナリーカンパニー3　衰退の五段階』（日経BP社）のなかで、成功した企業がいかにして衰退するかを分析しました。コリンズによると、失敗の主な理由は企業が「規律なき拡大路線」に陥ったことだと言います。

つまり、やたらと多くを求めすぎたからだと言うのです。

このことは企業だけでなく、そこで働く個人にも当てはまります。人に頼られ、さまざまな依頼をこなすことで成功してきたという体験から、そのやり方が正しいと信じてしまうのです。

これまで成功してきたやり方を変えるのは難しいものです。

しかし、この「成功のパラドックス」に陥ってしまった場合は、エッセンシャル思考へと大きく舵《かじ》を切る必要があるでしょう。

努力の方向性を絞れば遠くまで進むことができる

エッセンシャル思考は、より多くのことをやりとげる技術ではありません。正しいことをやりとげる技術です。もちろん、少なければいいというものでもありません。

自分の時間とエネルギー（努力）をもっとも効果的に配分し、重要な仕事で最大の成果を上げるのが、エッセンシャル思考の狙いです。

　下の図を見てください。

　どちらも同じだけのエネルギーを使っていますが、左側は、あらゆる方向に努力が引き裂かれています。ですからどの方向にも、ほんの少しずつしか進めません。

　それにくらべて右側は、努力の方向が絞られているため、とても遠くまで進むことができます。

これがエッセンシャル思考です。エネルギーの使いどころを必要最小限にすることで、いちばん重要なものごとにおいて最大の成果を上げているのです。

不要なものを捨て、人生をシンプルにする

エッセンシャル思考の人は、適当に全部やろうとは考えません。トレードオフを直視し、何かをとるために何かを捨てます。

そうしたタフな決断は、この先やってくる数々の決断の手間を省いてくれます。要するにエッセンシャル思考とは、自分の力を最大限の成果につなげるためのシステマティックな方法です。やるべきことを正確に選び、それをスムーズにやりとげるための効果的なしくみなのです。

不要なことを的確に見定め、排除していくためには、無意味な雑用を断るだけでなく、魅力的に見えるチャンスを切り捨てることも必要になります。やることを減らし、人生をシンプルにして、本当に重要なことだけに集中するのです。

一方で、エッセンシャル思考を邪魔しようとする力が数多くあることも事実です。その

せいで、多くの人は非エッセンシャル思考へと迷い込んでしまいます。

しかし、エッセンシャル思考の人は、流されません。たくさんの瑣末なものごとのなかから、少数の本質的なことだけを選びとります。

不要なものはすべて捨て、歩みを妨げるものもすべて取り除いていきます。

エッセンシャル思考は、自分の選択を自分の手に取り戻すための道のりであり、「見極める技術」「捨てる技術」「しくみ化する技術」を身につけることでもあります。

エッセンシャル思考は、これまでとはくらべものにならないほどの成功と充実感をあなたに与えてくれます。そして結果だけでなく、日々のプロセスを心から楽しめるようになるでしょう。

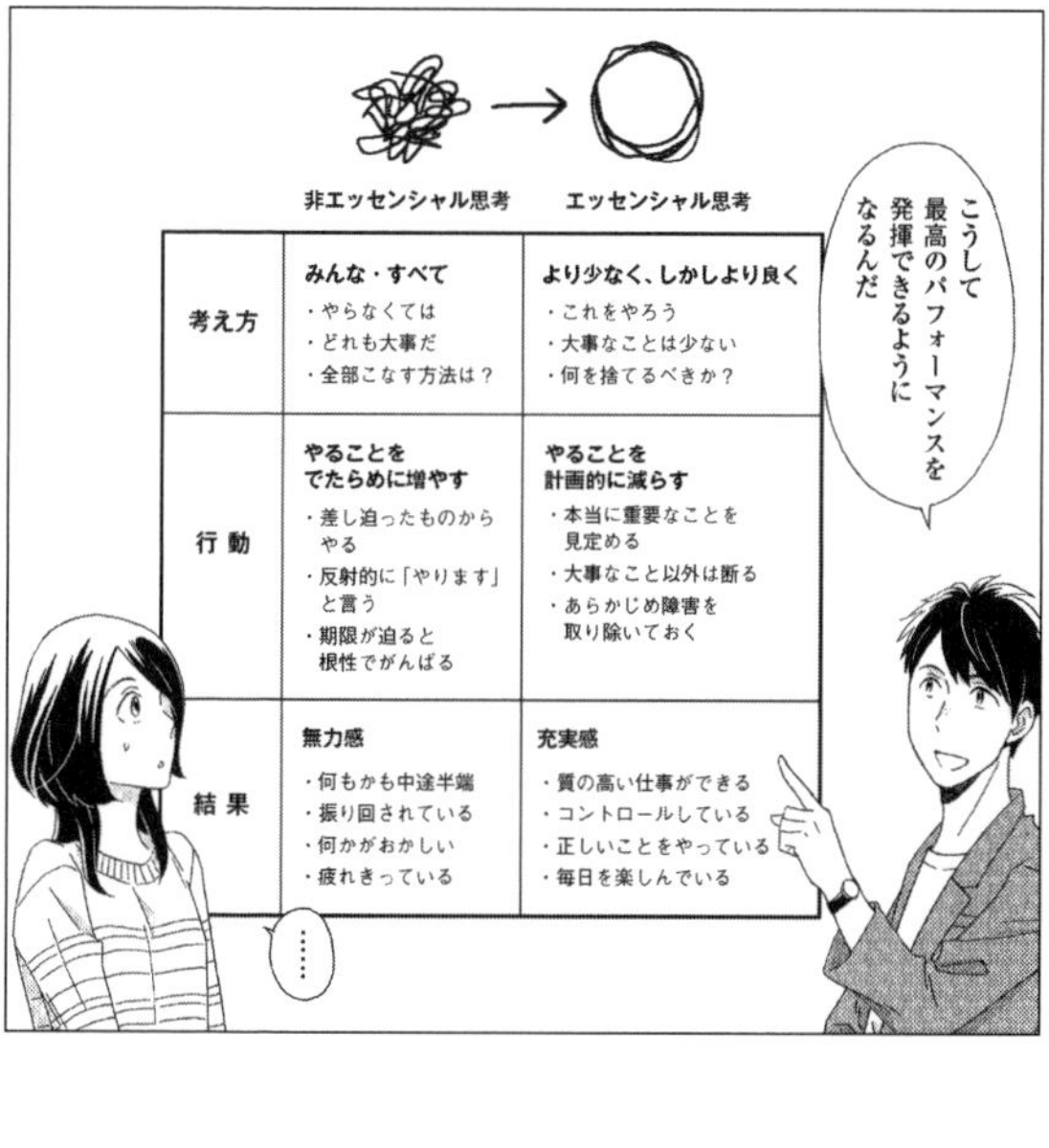

非エッセンシャル思考
エッセンシャル思考
こうして最高のパフォーマンスを発揮できるようになるんだ
……

	非エッセンシャル思考	エッセンシャル思考
考え方	みんな・すべて ・やらなくては ・どれも大事だ ・全部こなす方法は？	より少なく、しかしより良く ・これをやろう ・大事なことは少ない ・何を捨てるべきか？
行動	やることをでたらめに増やす ・差し迫ったものからやる ・反射的に「やります」と言う ・期限が迫ると根性でがんばる	やることを計画的に減らす ・本当に重要なことを見定める ・大事なこと以外は断る ・あらかじめ障害を取り除いておく
結果	無力感 ・何もかも中途半端 ・振り回されている ・何かがおかしい ・疲れきっている	充実感 ・質の高い仕事ができる ・コントロールしている ・正しいことをやっている ・毎日を楽しんでいる

少数の重要なことを見分ける

——見極める技術

エッセンシャル思考の人は、そうでない人よりも多くの選択肢を検討します。逆説的ですが、それが事実です。

非エッセンシャル思考の人はあらゆる話に反応し、なんでもとりあえずやってみます。ですから多くのことに手を出しますが、すべて中途半端な結果しか得られません。

それに対してエッセンシャル思考の人は、何かに手を出す前に、幅広い選択肢を慎重に検討します。そして「これだけは」ということだけを実行します。行動を起こす数は少ないのですが、やると決めたことについては最高の結果を出します。

正しいことを、正しいときに、正しい方法でやる

選ぶ基準を明確にすれば、脳のサーチエンジンは厳密な結果を返してくれます。

「良いチャンス」で検索すると、なんとなく良さそうな情報が延々と出てくるでしょう。

そこで検索オプションとして、次の3つの問いをつけ加えます。

「自分は何が好きか?」

「自分は何がいちばん得意か?」

「世の中の大きなニーズに貢献できるのは何か?」

すると、検索結果は絞られてくるはずです。

なんとなく良さそうなことを眺めている暇《ひま》はありません。考えるべきは、どうすれば最高の成果が出せるかということです。正しいことを、正しいときに、正しい方法でやる。そのためには、基準を厳しくするしかありません。

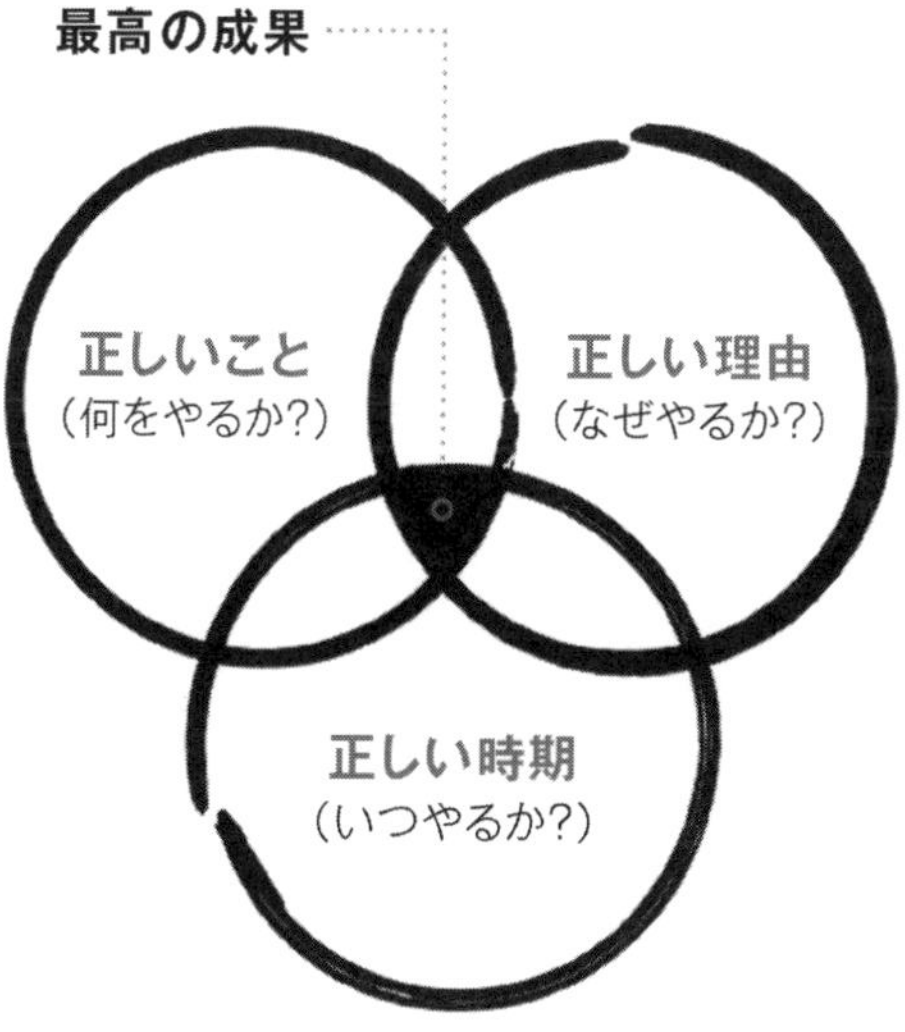

立ち止まって最短コースを考える

本書では、数ある選択肢のなかから本質的なものを見極めるための技術を紹介していきます。ところが、非エッセンシャル思考に慣れている人にとっては、そのプロセスを面倒だと感じるかもしれません。

しかし見極めることこそが、エッセンシャル思考の真髄なのです。

本当に重要なものごとを見極めるために必要なことは5つ。

じっくりと考える余裕、情報を集める時間、遊び心、十分な睡眠、そして何を選ぶかという厳密な基準です。

非エッセンシャル思考の人は、これら5つをとるに足りないものだと考えます。あればいいという程度のぜいたく品、あるいは無能の証拠だと捉《とら》えるのです。

「もちろん考える時間があればいいと思うけれど、あいにく仕事が忙しくてね」

「この会社に入ったからには、睡眠不足は覚悟してください」

「遊び心なんてふざけたことを言ってないで、さっさと働けよ！」

忙しく動き回ることを有能さの証だと思っている人は、考えたり眠ったりする時間をなるべく減らそうとします。ですが本当は、立ち止まる時間は無駄な寄り道ではなく、前に進むための最短コースを教えてくれるのです。

エッセンシャル思考の人は、なるべく時間をかけて調査・検討し、意見を交わし、じっくりと考えます。そうすることで初めて、本当に重要なものを見極めることが可能になるのです。

多数の瑣末なことを切り捨てる

——捨てる技術

クローゼットを片づけないで放っておけば、どうなるか想像してみてください。

当然、ぐちゃぐちゃになり、着ない服でパンパンになってしまうでしょう。

たとえ、思い切って全部捨ててみたとしても、クローゼットを整理する方法を確立しないかぎり、また同じことの繰り返しです。何が必要で何が不要かを判断できなければ、クローゼットはまた不要なものでいっぱいになってしまいます。

人生も仕事も、クローゼットと同じです。必要なものと不要なものを区別できなければ、どうでもいいことで埋めつくされてしまいます。捨てるしくみをつくらないかぎり、やることは際限なく積み上がっていくばかりです。

すべてを手に入れることが不可能なら、何かを捨てるしかありません。

では、誰がそれを決めるのでしょう?

もしも選択の権利を放棄するなら、他人があなたの人生を決めることになります。自分で「これを捨てる」と決めなければ、誰かがあなたの大切なものを捨ててしまうでしょう。

考えるべきは「何にノーと言うか？」

古い洋服を捨てるのは、簡単ではありません。いざ捨てようとすると「やっぱりもったいない」という気持ちにつきまとわれます。この立派な肩パッド入りジャケット、いつか必要になったらどうしよう？

不安に感じるのも無理はありません。後に詳しく述べますが、心理学の研究によると、人は自分が所有しているものを実際より高く評価しがちだからです。手元にあるという理由だけで、捨てられない気持ちになるのです。

古めかしい肩パッド入りジャケットと決別するためには、「いつか着る可能性があるだろうか？」ではなく、こう考えてみるといいでしょう。

「これをまだ持っていなかったら、今からお金を出して買うだろうか？」

買うと言いきれないなら、それは必要ではありません。

これは仕事でも生活でも同じです。

「もしもこの話がきていなかったら、自分から積極的にチャンスを求めに行くだろうか？」

もちろん、洋服を捨てるよりもずっと難しい問題です。ですが、転がり込んできたチャンスにノーと言うことができなければ、ただ成り行きに流されるだけで終わってしまいます。考えるべきは「何にノーと言うか？」なのです。

捨てるべきものを問うとき、自分の優先事項がはっきりと見えてきます。

自分の本当の使命が明らかになり、個人だけでなく組織全体のために最高の仕事ができるようになります。

仕事や人生の決定打となるブレイクスルーは、不要なものを切り捨てることから始まるのです。

捨てることで自分の評価を高める

周囲に認められたいという思いから、なんでも引き受けてしまう人は多いでしょう。

ですが、最高の成果を上げるためには、断ることも必要です。

ピーター・ドラッカーはこう言っています。

「できる人は『ノー』と言う。『これは自分の仕事ではない』と言えるのだ」

不要なことを捨てるためには、誰かにノーを言わなくてはなりません。しかも、頻繁に。なるべく相手を傷つけず、うまく頼みを断るためには、勇気と思いやりが不可欠です。

頭で考えるだけではうまくいきません。上手に気持ちを動かすにはどうするか。本書では、そうした面についても考えていきます。

ただ捨てるだけでなく、捨てることで自分の評価が高まるようなやり方を身につけましょう。

うまく捨てる技術があれば、同僚や上司や顧客の反感を買うどころか、むしろ賞賛されるようになるのです。

無駄な努力をせず、自動的に実現する
——しくみ化する技術

何かをやりとげるには、強い意志が必要だとよくいわれます。仕事のプロジェクトを終わらせるにしても、夫や妻の誕生日パーティーを開くにしても、がんばらなければ実現できないと考えられているようです。

ですが、エッセンシャル思考のアプローチは違います。努力と根性でやりとげるのではなく、なるべく努力や根性がいらないように、自動的に実現するようなしくみをつくるのです。

エッセンシャル思考とは、いわば人生のクローゼットを整理するしくみと同じことです。思い切って一度やれば終わりというものではありませんし、月に一度のイベントでもありません。クローゼットをつねにきれいに保っておくには、そもそも散らからないしくみづくりが不可欠です。

しくみ化すれば根性や努力は無用になる

たとえば、実際のクローゼットをきれいにするときには、不用品を入れる大きな袋と、必要なものを入れる小さなスペースを用意します。そして、ゴミの回収日やリサイクルショップの場所を把握し、定期的に服を処分しに行く日を決めておきます。

こうして、いったんやるべきことを決めたら、それをつねに実行できるようにしておきます。どんな基準で捨てるものと残すものを決めるか、捨てるものはどこに集め、いつ、どのように処分するか。毎回のように頭を悩ませるのではなく、それらをしくみ化しておき、いつでも無意識に、自動的にできるようにしておくのです。

クローゼットがあふれかえるまで放置してから苦労して片づけるのではなく、きれいになるしくみを日々の行動に組み込んで、散らかることを未然に防ぐ。これがエッセンシャル思考です。

人はラクをしようとする生き物です。ですから、なんの苦労もなくスムーズに正しい行動ができるようにしておきましょう。

もちろん、ものごとはクローゼットのように単純ではありません。服は置いたところにとどまっていてくれますが、仕事や用事は勝手にどんどん増殖していきます。せっかく午前中にすべて片づけたと思ったのに、午後にはもうやることがあふれ返っていることもあるでしょう。

注意深くスケジュールを立てても、数時間後にはすっかり予定が狂っていたり、1日のTODOリストは片づくどころか、気づけば朝より長くなっていることも。週末くらいは家でのんびりしようと思っていたのに、雑用やらトラブルやらで結局つぶれてしまうこともあります。

ですが、クローゼットの例と同じように、確固としたルールとやり方を決めておけば、仕事や用事を頼まれるたびにイエスかノーかの決断に悩むことがなくなります。

本当に必要なものとそうでないものを、感情をはさむことなく、システマティックにより分けていくことができるのです。

3つのサイクルをまわしていく

このしくみづくりには、少し時間がかかるでしょう。しかし、一度つくってしまえば、不具合がないかぎりそれをつねに活用することができます。

たとえ不具合があっても、その部分を修繕していけばいいわけです。

このしくみ化ができるようになれば、他人の期待に振りまわされず、自分が大切にしたい、本質的なものごとをより分けることができます。より効率よく生産的になり、仕事もプライベートもこれまでよりずっと充実するはずです。

大事なものを知り、不要なものを捨て、決めたことをスムーズにやりとげる。人生のあらゆる場面で、仕事や用事を正しく減らしていきましょう。

「見極める」「捨てる」「しくみ化する」は、ひとつの輪のようにつながり合っています。日頃からこのサイクルをまわしていけば、得られる成果はどんどん大きくなっていきます。

Column

トレードオフはなぜ起こるのか？

何かを選ぶために、何かを捨てること。これをトレードオフといいます。

そもそもトレードオフが起こるのはどちらも捨てがたいような状況ですから、非エッセンシャル思考の人は、「どうすれば両方できるか？」と考えます。しかし、すべてを優先しようとするのは、何も優先しないのと同じです。

エッセンシャル思考の人は、もっとも大切なものだけを選びとります。その際、「何をあきらめるのか？」ではなく、「何に全力を注ごうか？」と考えるのです。

小さな違いですが、積み重なると人生に大きな差がついてきます。

家族、友人、健康、仕事。それらの利害が衝突したとき、私たちはこう問わなくてはなりません。

「自分はどの問題を引き受けるのか？」

これはタフな問いであると同時に、より大きな自由につながる問いです。

PART 2

見極める技術

Story2 大切なものだけを選ぶ
よし
採点終わり
トン
トン
今日はこれで
帰れる
最近は読書する
時間も増えたし
エッセンシャル
思考を
選んでよかった
何か
幸せかも…
ガタッ
あら田辺先生
もうお帰り？
あ
はい

全員の連絡帳
やめたんだってね
途中で
やめるなんて
信じられない
3年1組　先輩教師
渡辺 真子
いや…
けど…
保護者からは
何も…
ピクッ
はぁ
何を
言ってるのよ
一度決めたら
やりぬくのが
仕事でしょ
くど くど
スイッチON
私は今も
寝る間も惜しんで
生徒のために
がんばってるわよ
はぁ…
やば…
保護者の方から
お預かりした
大切なお子様ですからね
親御さんとも
緊密に連絡を
とらなきゃ…
くど
くど
ちょっと
座りなさい
あ…つかまった
結局いつもより
遅い時間に
なってるし…
はぁあ…
けど…
トッ

親御さんとも緊密に
連絡をとらなきゃ…
たしかに
保護者とのつながりが
なくなるのは
寂しいなぁ…
定食 居酒屋
で
学級新聞を
つくることにしたんだ
どう
いい感じじゃない？
おぉ…
う…うまい
それに面白い
やったぁ
それにしても
学級新聞とは
考えたね
きっと保護者も
学校での生活が
知りたいと思うのよ

どうにかして生徒たちの成長を記録として残しておけないかなってずっと思ってたから
時間もできたし思いきってつくってみたの
子どもたちもきっと喜ぶと思うよ
大人になって見返した時にいい思い出にもなるし
うん
もう私もすっかりエッセンシャル思考だわ
ビールおかわりくださーい
……
もう寝ることを選択する
おいおい寝るなよ
ぐぅ

先生
学級新聞
お母さん
面白いって
ウチも
喜んでたよ
わい
わい
次も早く
つくって
わい
つくって
よかった
もう次？
早くない？
今度は
僕の特集
してよ
いや
私にして
こんなことだったら
もっと早く
選択すればよかった
会議室
田辺先生
聞きましたよ
学級新聞
大評判じゃ
ないですか
あ…
ありがとう
ございます

こんな方法で保護者とコミュニケーションがとれるなんてね
生徒たちと毎日一緒にいると発見や驚きの連続なんで保護者の方にも知ってほしいと思って書いているだけなんですけどね
とてもよいことね
ところで相談があるんだけど
学年新聞もつくってもらえないかなって思って

え…
学年新聞ですか？
だって学級新聞だけじゃもったいないじゃない
このクオリティはとても私たちじゃつくれないわ
あなたの力を有効活用したいの
通常業務もあって忙しいとは思うんだけどどうかな？
やってもらえる？
学級新聞
もちろんです
そんなにも評価していただけるなんてやってよかった
そうよかった
みんなも喜ぶわ
けど…

4組
3組
2組
1組
私が把握できているのは担任のクラスだけなんで
他の先生方にも新聞のネタになる情報や写真をいただきたいんですけど
わかったわかった
他の先生方には言っておくわね
よろしくね
バタン
うれしいなぁ
あんな風に評価されるなんて
やっぱり自分でやりたいことを選択して行動するっていいことなんだな
よしっがんばるぞ!
ガタッ
数日後
ワー
ワー
ワー

いつまで待っても
全然情報がこない
ネタがなきゃ
書けないよぉ
ぬぉおおぉ
そろそろ
できた？
えっ
何これ
ほとんど
できてない
じゃない
白紙
ですが…
新聞のネタが全然
集まってこないんです
そんなの
みんな忙しいんだから
仕方ないでしょ
け…
けど…
記事くらい
取材すれば自分でも
集められるじゃない
新聞って
そんなもん
でしょ
わ…
わかりました

定食 居酒屋
くぅっ
おかわりお願いします
まいどっ
ガツ
ガツ
…
今日はなんかイライラしてるね
おまたせしましたぁ!!
だって…
なるほど
それって結局先輩先生のお願いに流されてしまったってことじゃないの？
そうじゃない
私だってちゃんとやりたいと思って選択したんだから
エッセンシャル思考よ
やりたいかぁ…
ぐっ

何点くらいやりたいと思った？
え…
学年新聞をつくりたいと思った気持ちは？
75点位かな
じゃあ学級新聞は？
そりゃあ95点位よ！
超やりたかったもん
点数つけて何が意味あるの？
選択
YES
NO
いやいや選択する時にどういった基準で選んでいるのかなと思って
そんなものないよ
いいと思ったからだよ
だから君は悩んでいるんだ
もし君が高い基準で学年新聞をつくることを選択したのであれば…

きっと先生方から情報が上がってくるのを待たずに
自分からとりに行くだろう
ちょっと新聞つくるんで聞いていいですか?
ああ
もちろんなんでも聞いて〜
ドギッ
待っているということは結局なんとなく選択したってことじゃないか?
ゴクリ
……
ギュ
けど…学年新聞をつくりたいと思ったのは事実だし…
だったらいい方法があるよ
え…
何?

90点ルール
90点未満は0点と同じと考えるんだ
厳しい基準で
中途半端な選択肢に悩むことをやめる
そうすれば君は間違いなく自由になれるだろう

90点——
きゅ…90点って…厳しすぎない？
それがダメ
シンプルな数字で決めることで選択が合理的・論理的になる
感情が入り込む余地をなくす
バサ
バサ
90点
90点
……
90点
83点提案
35点提案
60点提案
厳しすぎるルールに思えるかもしれないけど
妥協すれば君自身が損するだけだ
ズ
損
ン
お…重い…
基準が厳しくなれば無駄なことに振りまわされずに納得できる仕事に打ち込めるし
得意なことを追求することで自分の強みが増す
学級新聞
90点以上
あわ
あわ
なんとなくやりたい
よって絶対にイエスと言いきれないなら…
YES or NO

それはすなわち
ノーだ
ガッ
……
……
お客様
いつもいつもいいかげんにしてください
すみません
決めるのは君だ
90点ね…
定食 居酒屋

区立第二小学校
え…
会議室
辞退？
どど ど… どういうこと？
学年新聞を つくれないって どうして
すみません
今の私には 2つの新聞を 受け持つには 力不足と 判断しました
急にそんなこと 言われても 困るわよ
ぐっ…
…
失礼します
ガラ…
ちょ…
バタン
田辺先生っ
はぁ…
断るって… 苦しい

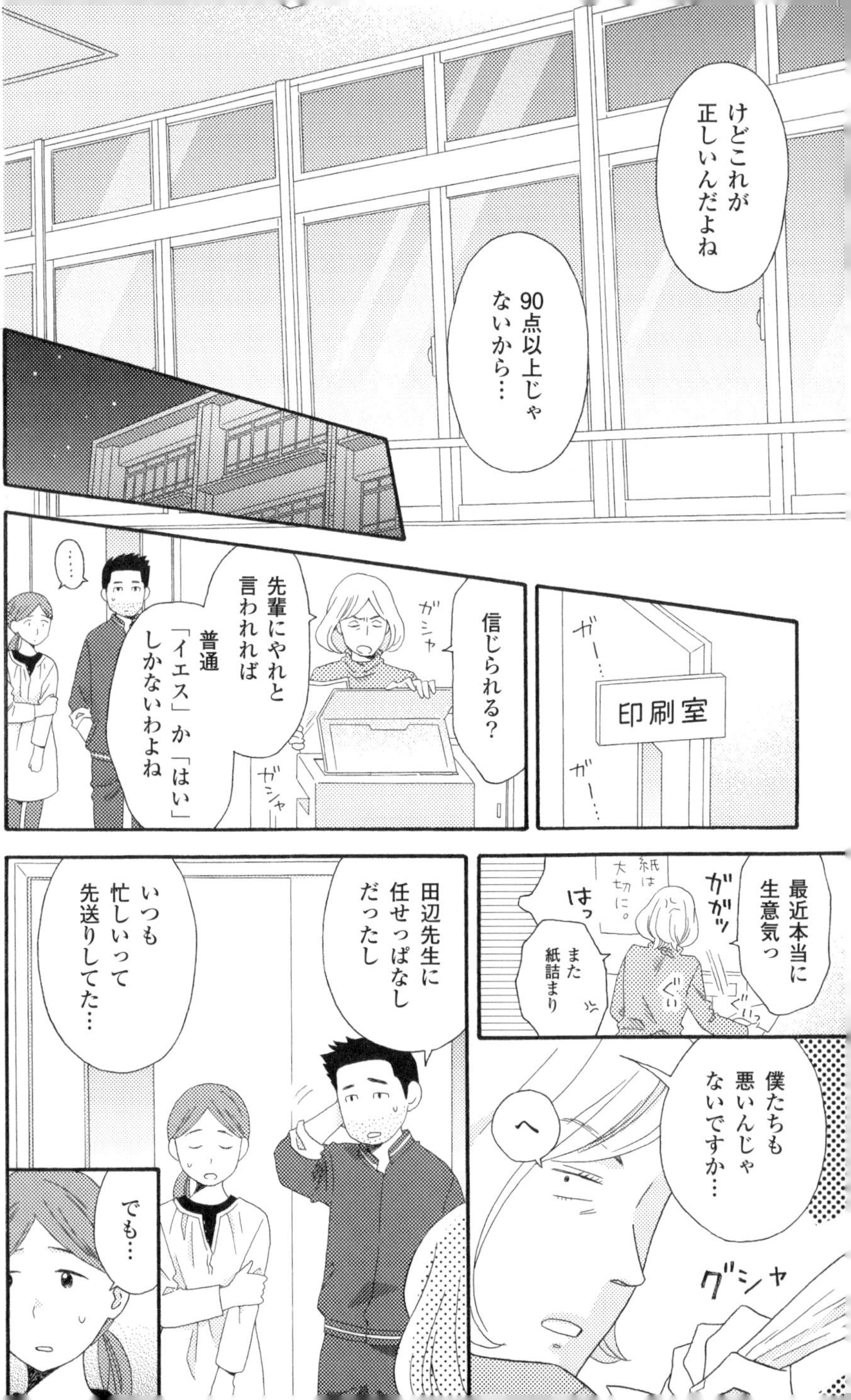
けどこれが
正しいんだよね
90点以上じゃ
ないから…
ガー…
印刷室
ガー…
信じられる？
ガシャ
先輩にやれと
言われれば
普通
「イエス」か「はい」
しかないわよね
ガシャ
…
最近本当に
生意気っ
ガガッ
紙は大切に。
はっ
また
紙詰まり
ぐい
ぐいっ
田辺先生に
任せっぱなし
だったし
いつも
忙しいって
先送りしてた…
僕たちも
悪いんじゃ
ないですか…
へ
グシャ
でも…

新聞はやっぱりつくって欲しい…
生徒の喜ぶ顔見たいしね
だから
田辺先生はつくらないって
ガタ
だったら自分たちでできないかな?
は?
つくり方を教えてもらうだけなら田辺先生の迷惑にもならないだろ
なるほどそれいいですね
さっそく聞いてみよう
ちょ…ちょっと待って
新聞づくりか…なんだかワクワクしてきた
そういう問題じゃ…
パタン…

え…
教えるだけでいいんですか?
散々やらせておいて身勝手なのはわかってる
やっぱり新聞つくりたいんです
け…けど…
手間がかかりますよ
それでも大丈夫です
田辺先生みたいに生徒たちの思い出を残したいんだ
…
同僚に技術を教えることで…
生徒のためにも
喜んでくれる生徒が増える
それは私にとって…
ぐっ

90点以上のこと――
いいですよ
喜んでっ！
まさかこんな結果が待っていたなんて…
勇気を出して断ってよかった…
許さない
ガーガー
ガー
先生コピーとりすぎ…
先輩の頼みは言われたとおりにやればいいのよ

見極めるために考える時間をつくる
——孤独

「深い孤独がなければ、まともな作品はつくれない」

これは、パブロ・ピカソの言葉です。

エッセンシャル思考の考え方でいけば、仕事が忙しくなればなるほど、考える時間を確保することがより必要になります。多数の瑣末なことのなかから少数の重要なことを見分けるためには、誰にも邪魔されない「孤独」な時間が不可欠です。

まともにものを考える時間がなければ、自分のキャリアも企業の展望も見えないまま目の前の瑣末な問題に追われ、いつ果てるともしれないプレゼンや議論にどんどん時間を奪われていきます。

業務があまりに忙しすぎて、その会社にいるべきかどうかを考える余裕がなく、辞める時期を逃して貴重な時間を無駄にしてしまう……ということにもなりかねないでしょう。

非エッセンシャル思考の人は、とにかく目の前のことに反応します。聞いたばかりのチャンスに飛びつき、読んだばかりのメールに返信します。

ですが、エッセンシャル思考の人は、すぐに飛びついたりせず、調査と検討にたっぷり時間をかけることを選ぶのです。

何事も、まず選択肢を調べないことには、本質を見極めることはできません。

生活がノイズに満ちてくればくるほど、静かに集中して考えることができるスペースが必要になってきます。

エッセンシャル思考における集中とは、単にひとつの問題を考えつづけることではなく、100の問題をじっくり検討するための余裕を確保することです。それは、目の焦点を合わせる作業に似ています。ひとつのものに固執せず、つねに視野全体を把握して焦点を調整するのです。

万有引力の理論は孤独な時間から生まれた

たとえば、あのアイザック・ニュートンは、万有引力を論じた主著の執筆に際し、2年間ほとんどひとりきりで引きこもっていたそうです。近代物理学の基礎となる偉大な理論は、その孤立した場所から生まれたのです。リチャード・S・ウェストフォールによる伝記には、次のように記されています。

「どうやって万有引力の法則を発見したのか、との問いに、ニュートンは『考えつづけていたんだ』と答えた。……考えつづけるといっても、並大抵のレベルではない。彼はそのことだけを、ひたすら考え抜いていた」

ニュートンは集中するためのスペースを確保し、そこで宇宙の本質を追求しつづけたのです。

しかし、刺激過多のこの現代にあって、集中してものごとを考える時間を持つのは至難の業です。その必要性はわかっていても、なかなかそんな時間がとれない、と嘆く人は多いでしょう。

たしかに、これほどまでに忙しい世の中で、集中してじっくりと考える余裕が自然に生まれるわけがありません。集中するためには、集中せざるをえない状況に自分を置くしかないのです。

どんなに忙しい人でも、考える時間とスペースを確保することは不可能ではありません。

集中できる環境を自らつくりだす

マイクロソフト社創業者のビル・ゲイツは、1週間の「考える週」を定期的にとっていることで知られています。じっくりものを考え、本を読むための時間です。

ゲイツは1980年代からずっとこの習慣をつづけており、会社が急成長してからも中断することはなかったといいます。

マイクロソフト社が時代の寵児《ちょうじ》となり、忙しさのピークにあったときも、ゲイツは年に2回ほど時間をつくって1週間仕事を離れました。ひとりきりで大量の本や記事を読み、最新の技術について学び、これからのことに思いをはせる時間です。ビル＆メリンダ・ゲイツ財団の共同会長となった現在も、この習慣はつづいています。

私たちも彼に倣《なら》い、多くの刺激を排除して、集中する時間をつくるべきです。

たとえば、平日の朝5時から午後1時までは誰にも邪魔をされない孤独な時間、といったように自分のルールを決めてしまうのです。その時間は、すべての情報をシャットアウトし、集中して仕事をしたり本を読んだりじっくり考えたりと、本質的な作業にあてます。

絶対に人に会わず、電話も通じないようにし、メールは自動返信に設定して、仕事のために隠遁中《いんとんちゅう》であることを伝えておきましょう。こうして半ば強制的に「孤独な時間」をつくりだすのです。

最初はハラハラするかもしれません。重要な電話やメールがきていたらどうしよう、何か重大な情報を取り逃していたらどうしよう……。しかし、つづけるうちに、大した不都合はないことに気づくでしょう。

小さな考える時間をつくってみる

そこまで長時間は無理だというのであれば、日々のなかに小さな「考える時間」を差し挟んでみるのはどうでしょう。

たとえば、目覚めとともにメールをチェックする習慣を捨て、1日の始まりの20分を読書の時間にしてみれば、落ち着いて1日を始めることができるでしょう。

読書は、息抜きにとどまらず、生き方を考えるためにも非常に大切なものです。

できれば、ブログや軽い読み物ではなく、正統派の古典がおすすめです。古典は読む者の視野を広げ、時の試練に耐えた本質的な思想に立ち戻らせてくれます。

とくに思想書はインスピレーションを与えてくれます。禅や儒教、ユダヤ教やキリスト教、道教、イスラム教、ジェームズ・アレン、ガンジー、ウパニシャッド哲学……どんなものを選んでもかまいません。

私たちとはまったく違う時代に書かれ、それでいて現代に通じるような思想は、私たちの「当たり前」を打ち壊してくれるはずです。

1日に2時間でも、1年に2週間でも、あるいは毎朝5分でもかまいません。忙しい日常から離れ、自分だけでいられる時間を、ぜひ自分の生活に取り入れてみてください。きっと、人生の主導権を取り戻すことができるでしょう。

情報をフィルタリングする

考える時間を確保したなら、次は膨大な情報の整理段階に入ります。真に大切なものとそうでないものをより分けるときに必要なのが、本質を見抜く目です。

あらゆる事実に隠されている本質を選び抜くためには、ジャーナリストのような鋭い洞察力が必要になります。

では、突然ですがここで問題を出します。

次の文章を、ごく簡潔に要約してみてください。

「ビバリーヒルズ高校のピーターズ校長は今朝、職員一同に研修旅行の知らせを告げた。来週木曜、職員全員でサクラメントへ行き、新たな教育メソッドに関する会議に参加する。当日は人類学者のマーガレット・ミードや教育学者のロバート・M・ハッチンズ、カリフォルニア州知事のパット・ブラウンによる講演も予定されている」

これは、ジャーナリストというキャリアを経て、映画『めぐり会えたら』や『恋人たちの予感』などのヒット作を生み出した、脚本家・映画監督のノーラ・エフロンが、ビバリーヒルズ高校時代に受けた授業「ジャーナリズム入門」で出題された課題です。

いつ、誰が、何を、なぜ、どうしたのか。記事の要旨を簡潔にまとめ、情報の本質を伝えるリード・パラグラフ（導入部）を学ぶ授業での一コマでした。

この課題を出した教師の答えは、エフロンに衝撃を与えます。

「来週木曜は学校が休みだ」

この要約を聞いた瞬間、エフロンはジャーナリズムの本質を理解したそうです。ジャーナリズムとは、単に事実を繰り返すことではなく、核心を見抜くことだと気づいたのです。

エッセンシャル思考でも、どんどん飛び込んでくる情報や選択肢をきちんとフィルタリングし、本質だけを抜き出すことが必要です。日々、ものごとの本質を意識し、思考のトレーニングをしておきましょう。

自分の中にある子どもの声を聴く

――遊び

エッセンシャル思考のなかで大切な要素のひとつが「遊び」です。本当に重要なものごとを見極め、クリエイティブな発想を得るためには、遊び心が必要です。しかし、それをまったく理解できない、受け入れられない、と感じる人も多くいるようです。

成長するにしたがい、私たちはだんだん遊びを忘れてしまい、「遊びなんてくだらない」「時間の無駄」「幼稚」という考えを持つようになっていきます。

しかし、子どもの頃に夢中になっていた遊びこそ、人間にとって不可欠な行動です。

精神科医のスチュアート・ブラウンは、６０００人を対象に遊びと成長の調査をおこない、遊びによって体が健康になり、人間関係が改善され、頭がよくなり、イノベーションが起こしやすくなるという結論を得ました。

「遊びは脳の柔軟性と順応性を高め、創造的にしてくれます」と彼は言います。

「遊びほど脳を奮い立たせる行動はほかにありません」

最近の研究によると、動物は遊びを通じて主要な認知スキルを発達させているのだそうです。実際、遊びが種の生存を左右することもあるほどです。動物のなかでも、ヒトという種はとりわけ遊びが好きな生き物です。遊びを通じて生き方を身につけるのです。遊びは本質を探究するのに役立つだけでなく、それ自体がどこまでも本質的なものなのです。

精神は遊びを求めている

遊びによる主な効果は次のとおりです。

1　選択肢を広げてくれる

遊びは、それまで気づかなかった可能性や、思いがけないつながりに気づかせてくれます。遊ぶことで、私たちの視野は広がり、常識にとらわれないやり方が見えてきます。

2　ストレスを軽減してくれる

最近の研究によると、ストレスによって感情をつかさどる部分（扁桃体《へんとうたい》）の働きが強くなり、認知機能をつかさどる部分（海馬《かいば》）の働きが弱くなるそうです。その結果、うまくものを考えられなくなってしまいます。遊びは、このストレスを軽減してくれます。

3　脳の高度な機能を活性化する

精神科医のエドワード・M・ハロウェルは、「（遊びは）脳の実行機能に良い影響を与える。実行機能とは、計画、優先順位づけ、スケジューリング、予測、委譲、決断、分析など。つまり、ビジネスでの成功に不可欠なスキルの多くを含むものである」と述べます。

仕事と遊びの関係を知る

これらの遊びによる効果は、当然、仕事の場面でも役立ちます。

もちろん、仕事に遊びを、といっても、仕事の最中にゲームをしたりマンガを読んだりということではなく、オフィスに「遊び心」を取り入れるということです。

実際、先進的な企業は、遊びの重要さに気づいています。

たとえば、自身も元コメディアンだったというツイッター社のディック・コストロＣＥＯは、お笑いを社内に広めようと即興コメディのクラスを創設しました。社員の知性に広がりを持たせ、柔軟でクリエイティブな発想を伸ばすことができると考えているのです。

ほかにもオフィス環境に遊びを取り入れている会社は数多くあります。

世界的に高名なデザインコンサルタント会社のIDEO社は、小型バスの中でミーティングをおこないます。グーグルの敷地では、巨大な恐竜の体にピンクのフラミンゴがまとわりついています。ピクサーのスタジオでは、たとえば西部劇に出てきそうな酒場、山小屋、そして天井から床まで「スター・ウォーズ」のフィギュアに覆われた部屋など、各自が自由すぎる発想でオフィスを飾りたてています。


どんな会社であっても、創造性と探究心は大切です。

日々の細かな業務改善や、さまざまな不具合に対する問題解決の場面において、柔軟でクリエイティブな発想が必要となってくるからです。また、ストレスを軽減して、仕事のパフォーマンスを向上するためにも遊びはひと役買ってくれます。

仕事や生活に遊びを取り入れるためには、自分が楽しく遊んだ体験を思い返してみるといいでしょう。子どもの頃、どんな遊びにわくわくしたでしょうか？　どうすれば、そんな楽しさをふたたび体験できるでしょうか？

そんな自分の心に響く「遊び」を見つけ、日常に取り入れてみてください。

90点ルールで大切なことだけを選ぶ
――選抜

ものごとを選ぶ際に迷わないコツは、基準をとことん厳しくすること。「絶対にイエスだと言いきれないなら、それはすなわちノーだ」と考えるのです。

「絶対にやりたい！」か「やらない」かの二択にするのです。

そのための基準として、マンガ本編で取り上げた「90点ルール」が有効です。

最重要基準をひとつ用意し、その基準に従って選択肢を100点満点で評価して、「90点以上だ」と思えるものだけにイエスを言うというやり方です。

そして、90点未満の点数はバッサリと切り捨てるのです。

もったいないと思うかもしれません。

しかし、テストで65点をとったときの気分を思い出してみてください。

そんなぱっとしない気分のものを、わざわざ選ぶ必要があるでしょうか？

90点ルールは、トレードオフを強く意識させるやり方です。

人生は有限ですから、あれもこれもすべてはできません。

何かを選ぶときは必ず何かを捨てなければいけないのです。

完璧な選択肢はすぐにやってくるかもしれないし、なかなか現れないかもしれません。ですが、厳しい基準を設けるというその行為は、間違いなくあなたに自由を与えてくれるでしょう。他人や世の中や偶然に決められるのではなく、自分自身で選ぶ自由です。

「仕方なく」「消去法で」選ぶのではなく、「選びたいから」選ぶ自由です。

チャンスを正しく選別する

選択肢から何を選ぶか、というのも難しい問題ですが、もっと難しいのは思わぬチャンスが転がってきたときです。

意外な方面からの転職の誘い。得意ではないけれど、お金になるプロジェクトの話。給料は出ないけれど、以前からやりたいと思っていた企画。理想の場所ではないけれど、安く使えるシェア別荘の誘い。さて、どうすべきか？

こんないい話は、今を逃したらもうないかもしれない。目の前に転がっているチャンスを逃すなんて、あまりにもったいない。そう思うでしょう。

けれど、簡単に手に入るという理由でそれを選んでいいのでしょうか。これを選んだせいで、数日後にやってくる理想的なチャンスにノーを言うことにならないでしょうか？

ただちに「90点以上だ」と判断できないこんなとき、チャンスを正しく選別するためには、次の3つのプロセスを踏むといいでしょう。

①そのチャンスについて、記述する
②考慮に値するチャンスの「最低限の基準」を3つ書き出す
③考慮に値するチャンスの「理想の基準」を3つ書き出す

最低限の基準を満たしていないチャンスは、もちろん却下します。

そして、理想の基準を満たしていないチャンスも、やはり却下しましょう。

すべて満たしているものだけが選択に値するチャンスです。

選択肢を厳しくすると、脳のサーチエンジンが精度を増します。

「いい転職先」というキーワードで考えたとき、脳のサーチエンジンは数えきれないほどの検索結果を返してきます。ですが一方で、もっと詳細に設定して「自分は何が大好きか？」「自分は何に向いているか？」「どうやって世の中の役に立てるか？」の3つで検索すれば、答えはおのずと絞られてきます。

検索結果は多いよりも少数精鋭のほうがいいのです。

私たちの目的は、やってもやらなくてもいいことを探しつづけることではありません。「これしかない」と思えることを、ひとつだけ見つけることです。

そうすると、マンガ本編のように断ることも必要になります。ですがご安心ください。断り方についてはPART3の解説で詳しくご紹介します。

チャンス
あなたのもとに舞い込んできたのは、どんなチャンスか？

最低限の基準
「最低限これだけは満たしてほしい」という基準は何か？

理想の基準
「こうだったら最高だ」と思う基準は何か？

Column

睡眠はなぜ十分にとる必要があるのか？

近年の調査では、十分な睡眠が健康に直結するだけでなく、脳の機能をも高めるという事実が明らかになっています。たとえば、一流のバイオリニストたちは、アメリカの平均よりもはるかに長い睡眠をとっていることが報告されていますし、多忙な業界の優秀なリーダーたちも8時間睡眠をアピールするようになってきています。

ある教授によると、1日の徹夜や1週間の4～5時間睡眠によって「血中アルコール濃度0.1％に相当する機能低下」が起こるそうです。反して、十分な睡眠は脳の機能を高め、問題解決能力をアップさせてくれます。

まとまった睡眠がとれない人は、短時間の昼寝が有効です。レム睡眠が一度でもあれば、脳はバラバラな情報を統合することができるそうです。
「睡眠は成功者の新たなステータスシンボル」だと捉え、自分自身という資産を守りましょう。

PART 3

捨てる技術

Story3 本質目標を見つける

音楽会で
3組に
絶対勝つからね
ギロッ
ツ
また
田辺先生の
クラスと
張り合うの
やだね
ひそ
ひそ
わかった?
カッ
はいっ
定食 居酒屋
——って
渡辺先生
言ってたんだって
はあああ…
生徒たちの間で
ウワサに
なってるし…
うぅ… 逆恨み
されてるよ…
学年新聞やったほうが
よかったのかな…
90点以上しか
やらないって
決めたなら
だめだよ
だよねぇ
気が重い…

で
君はどうしたいの？
決まってるでしょ
うちだって渡辺先生のクラスには負けられない
毎日遅くまで打倒1組を目標として練習してるわよ
ほらそこ音がずれているじゃない
もっと音を聞いて
なるほど渡辺先生に勝ちたいんだ
そりゃまぁね
順位がつくわけじゃないけど…
けどさ…
コトッ

その目標って
生徒にとって
魅力あるのかな?
え…
ドン
ドン
プー
プー
オレにも
木琴
やらせてよ
だめだよ
一人って
決まってるん
だから
いいじゃん
かよ!
ヤダァ
やめなよ!
……
練習
しろよー

……
魅力…って
どういうこと?
子どもたちは
渡辺先生に勝ちたくて
楽器の練習
してるのかな?
も…
もちろん
本当?
うっ…
エッセンシャル
思考でも
目標は大切なんだ
ピクッ
え…
目標達成に
エネルギーを
集中させるため
不要なものは
切り捨てる
目標
ポイ
他の仕事
ポイ
ノイズ
ポイ
人間関係
だからこそ
目標は刺激的かつ
明確にしなければ
ならないし…

目標が
刺激的でなければ
人を動かすことは
できない
そこ
真面目に
やって
あーつまんねー
こらっ
早く終わんねーかな
『渡辺先生に勝つ』は
わかりやすいけど
刺激的ではなく
人の心を
動かさない
非エッセンシャル
思考と
言っていいだろう
ドキ

じゃあ エッセンシャル思考の目標って？
わかりやすく説明すると…
えーと…
きょろ
スッ
好きに使ってください
もういいっス
ありがとうございます
カツカツ
一般的
具体的
刺激的
平凡
ビジョン・ミッション
本質目標
価値観
四半期目標
目標をマトリックスに分類するとこうなる
よくわからないんだけど
へ
このビジョン・ミッションってどんな目標？
「世界を変えたい」のような刺激的だが具体性に乏しいものだ
目標は世界平和だ！
オーッ
オオーッ
世界平和って何するの？
さあ…

さらには四半期目標
「前回のテストより10%アップ」のような具体的だが魅力がないもの
そして価値観は「イノベーション」や「チームワーク」など企業が重視している価値
ありふれているものだね
一般的
具体的
刺激的
平
ビジョン・ミッション
本質目標
価値観
四半期目標
目標もいろいろとあるのね…
だから目標を設定するときは…
カリカリ
本質目標だ！
具体的かつ刺激的でなくてはならない
それこそがエッセンシャル思考の目標なんだ!!
どん
一般的
具体的
刺激的
ビジョン・ミッション
本質目標

君の立てた目標
もう一度
見直してみても
いいんじゃない？
私の目標は
刺激的
ではない…
ひょろぴ〜
あははは
ヘンな
音〜
そうよね
音楽は争って
やるものじゃ
ないじゃない…
楽しまないと
もっと
生徒たちにとって
刺激的で明確な
目標を立てる
明確な目標
わーっっ
…でも
ぐっ
「音楽を楽しむ」
だと
具体的ではないし…
一般的
具体的
刺激的
ビジョン・ミッション
本質目標
平凡
価値観
四半期目
生徒たちがもっと
夢中になるような
目標って…
おれ
小だいこ
やってみたいな
ピク

いいよ
できる？
わい
わい
わかんない
けど
教えてよ
手首の
スナップを
きかせて
こんな
感じ？
タラタタタタタタ…
わぁ
すごい
いい音っ
才能あるよ
私も
やってみたい
これだ
コン
コン
みんな
渡辺先生の
クラスに勝つって
ことを目標に
やっていたけど
それは
やめます
え…
うちの
クラスの
目標は

一番やりたい楽器にチャレンジする
え…
せっかくの音楽会なんだから
みんながやりたい楽器で発表しましょう
じゃあ私木琴やっていいんですか?
もちろんいいわよ
木琴2人になっちゃうよ
気にしない
楽器はたくさんあるから
好きな楽器のほうが楽しい音楽会になるでしょ
わーい
やったぁ
楽しそー
オレ頑張る!!

シャン
ピー
プー♪
音楽室
シャン
ドンドン
わい
わい
先生ー どうやるの
ピ〜ピプ〜
ほらここ 気をつけて
もう一回 やってみよー
本質目標だと
やる気が
全然違う…
みんなが
エッセンシャル思考に
なってる
……
さんはいっ
ブェエエエ
田辺先生
何を
やっているの
かしら
下手っぴ
じゃない
ブェエエエエエエエ
これは
もらった!
さぁ
もう一度
練習するわよ
ええ
もう
帰りたい…

ママ
ピアノ
教えて
ジャー……
ピアノ?
今学校で
やってるんだ
え
自分から
やるなんて
珍しいわね
チャレンジ
だからね
いいわよ
ママは
音楽の学校に
通ってたんだから♪
おっ
音楽会
当日

おんがくかい
わぁ
すごい…
すげぇ
完成度
ジャーン
わあ
パチ
パチ
パチ
パチ
パチ
ふふふ
とても
よかったわよ
みんなよく
がんばったわね
つかれた…
ゾロゾロ
パチ
パチ
パチ
どうよ
田辺先生
フフフ…
こりゃ
勝てないよ
いいのよ

私たちは私たちの音楽をすればいいの
あなたたちは短い期間でとても上達したわ
音楽を楽しんで
自信を持って演奏しましょう
はいっ
いいじゃん

みんな
楽しそうに
演奏してるよ
んがくか
ん
く
ふふふ
勝った
オレ
田辺先生の
クラスが
いいな…
オレも…

めざすゴールを完全に明確にする

——本質目標

あなたの目的や戦略は明確ですか？　と経営者にたずねると、多くの場合「かなり明確です」という答えが返ってきます。かなり明確なら、それで十分？　いえ、「完全に明確」な状態を知ると、それまでの「かなり」が不便だったことに気づくはずです。まるで視力の弱い人が、初めて眼鏡をかけたときのようなものです。

会社の経営だけでなく、個人のキャリアについても同じことがいえます。

「これからの5年間で、どんな仕事を成しとげたいですか？」

という問いに、とことん明確に答えられる人は多くないでしょう。

完全な明確さにこだわるのは、それが仕事の結果に直結するからです。目的が明確さを欠く場合、結果はたいてい悪い方向に向かっていきます。

目的が明確でなければ、人を動かすことはできません。目的もわからない仕事では、やる気が出ないからです。

会社の目的やメンバーの役割が明確でない場合、社員は混乱し、ストレスを抱え込み、どうでもいいことに時間とエネルギーを浪費します。その弊害は大きく2つのパターンとして現れてくるようです。

パターン1　社内政治が蔓延する

上司の気を引くための社内政治が蔓延《まんえん》します。仕事のゴールが見えず、どうすればいいのかわからないので、「上司の歓心を買う」という不毛なゲームに逃げ込んでしまうのです。

その結果、本来なら仕事に注ぐはずの時間とエネルギーは、表面的な自己演出やご機嫌とりに費やされます。不要なだけでなく有害で、生産性を著しく下げる行為です。

仕事だけでなく日々の生活でも、似たようなことはあります。他人の目ばかり気にし、いい車に乗

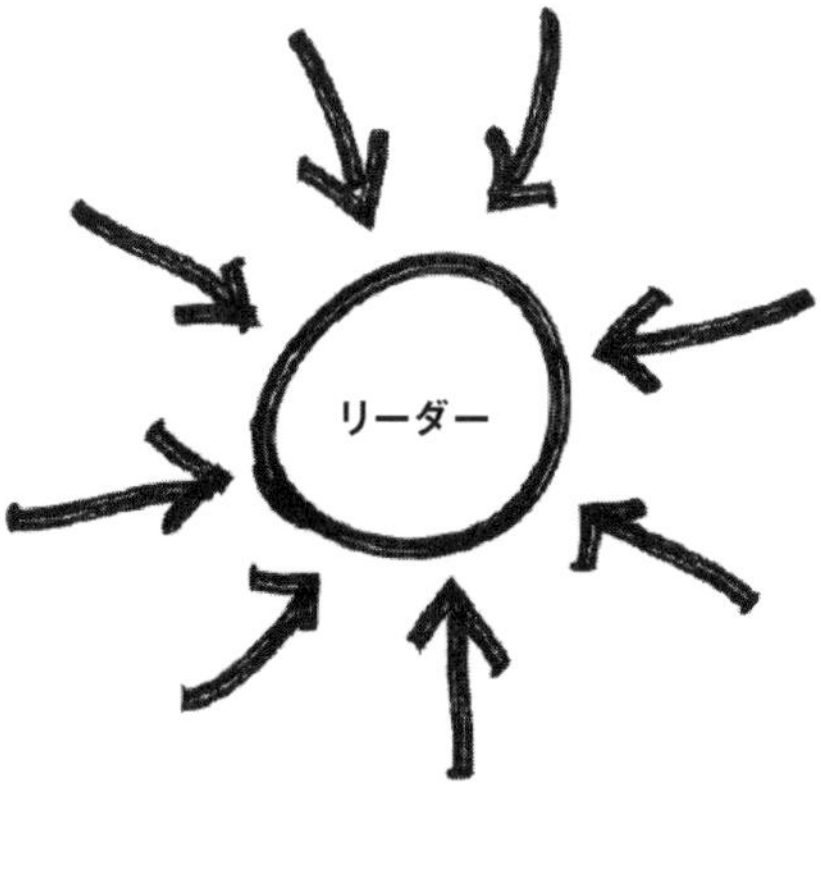

り、きれいな家に住み、ツイッターのフォロワー数を増やすことに夢中になる。その一方で、大切な人と過ごす時間が削られ、心も体もないがしろにされていきます。

パターン2　何でも屋になる

リーダーの求心力がなくなり、各自がバラバラに動き出します。会社の明確な方向性が見えないので、それぞれ目先の利益のために行動するようになります。

といっても悪気があるわけではないし、個人レベルでは本当に重要な仕事をしているのかもしれません。

しかし、各自が別々の方向に進んでいたら、チーム全体としてどこにもたどり着けません。1歩進むたびに5歩下がるというありさまです。

同じことは仕事以外にも当てはまります。あまりに多くのことに少しずつ手を出していたら、本質的なゴールにはたどり着けません。

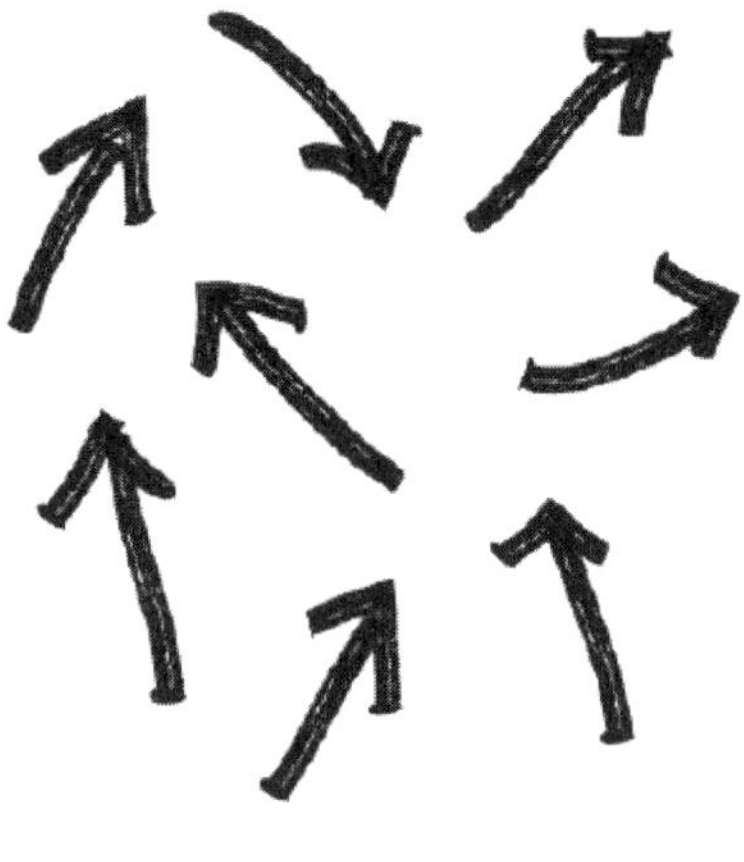

本質目標を決める

全体の目的と個々の役割がとことん明確になっていれば、チームは驚くほどの力を発揮できます。エネルギーが同じ方向に向かい、相乗効果が生まれるからです。本質目標を正しく決めれば、その後の無数の決断が不要になります。

では、どうすれば会社や個人の目的を明確にできるでしょうか。

ひとつのやり方は、マンガ本編で取り上げた「本質目標」を決めることです。

本質目標について理解するための近道は、それが何でないかを知ることです。2×2のマトリックスを使って説明しましょう。

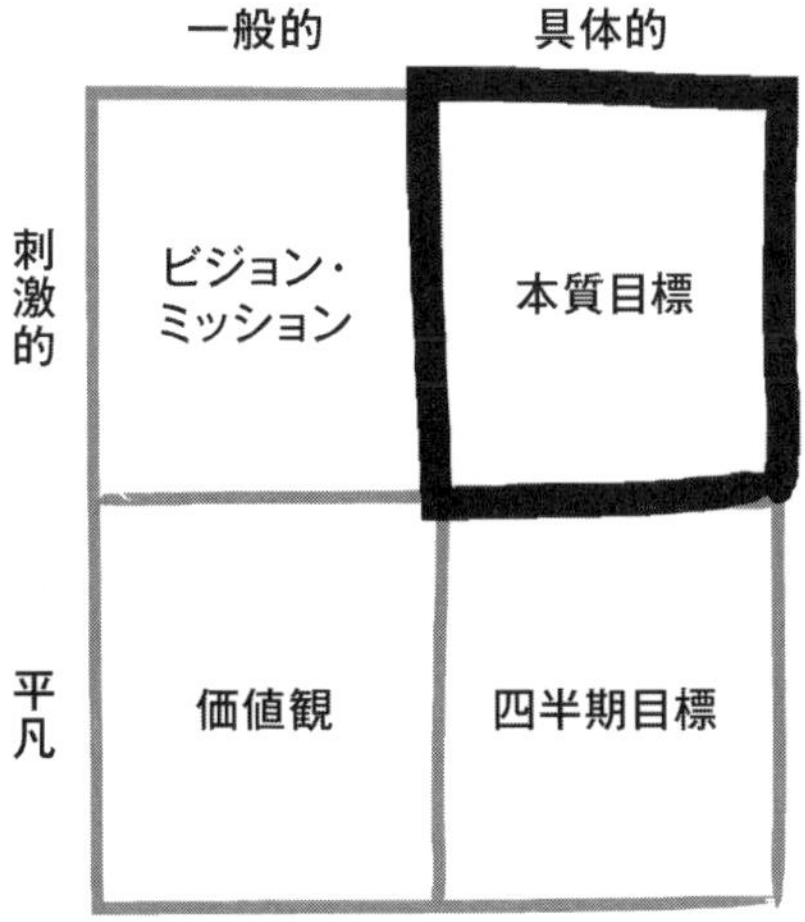

前ページの図の左上にあるのは、ビジョンやミッションステートメント。「世界を変えたい」というような、刺激的ですが具体性に乏しいものです。

左下は、価値観。「イノベーション」「リーダーシップ」「チームワーク」など、企業が重視している価値の表明です。これらはありふれたものであることが多く、あまりインスピレーションをかき立てるものではありません。

右下は、四半期などの短期的な目標。「昨年比5パーセントの増益」といったようなものです。非常に具体的ですが、刺激的であるとは言いがたいでしょう。

そして右上に位置するのが、本質目標です。これは具体的で、かつ刺激的。大きな意味があり、しかも測定可能です。

シンプルで、具体的で、刺激的で、測定可能な目標を選ぶ

2009年、イギリス政府によるインターネット普及推進プロジェクトのリーダーに任命された事業家マーサ・レイン・フォックスは、この新たなプロジェクトの目標を次のように定義しました。

「2012年までに、イギリスのあらゆる人がインターネットを使えるようにする」

シンプルで、具体的で、刺激的で、測定可能な目標です。誰もが明確に理解でき、方向性を間違えることなく行動できます。それさえ理解しておけば、新人がリーダーに向かって「これは本質目標と無関係では？」と意見を述べることも可能です。

こういったすぐれた本質目標を作成するために意識すべきは、次の2点です。

・言葉にとらわれない

細かい言葉にこだわるのは危険です。ともすると響きのいいバズワードに引きずられ、形だけで中身のない文章ができあがります。

本質目標のステートメントは、美しくなくてもよく、形よりも中身が大事です。細かい言い回しを考える暇があったら、もっと本質的な問いを立てましょう。「たったひとつのことしかできないとしたら、何をするか？」

・達成をどう判定するか

中身が大事といっても、まったく人の心を動かさない言葉では意味がありません。美辞麗句を並べる必要はありませんが、具体的でわかりやすい言い方を選んだほうがいいでしょう。どれくらい具体的かというと、「達成をどうやって判定するのか？」という質問に答えられるくらいです。

２００５年のハリケーン・カトリーナに襲われたニューオリンズの復興の遅さに苛立《いらだ》ち、自らメイク・イット・ライト財団を設立した人物が掲げた目標はこうでした。

「ニューオリンズの下９地区に住む世帯のために、低価格で環境にやさしく、災害に強い家を１５０戸建設する」

具体的でリアル。リアルだから心を動かす。「達成をどうやって判定するのか？」の答えも、これ以上ないほど明確です。

このステートメントを書いたのは、ちょっと意外な人物。俳優で社会企業家の、ブラッド・ピットでした。

本質目標だと
やる気が
全然違う…
みんなが
エッセンシャル思考に
なってる

上手な断り方を知っておく

——拒否

何かを依頼したことのある人なら、あいまいなまま引き延ばされるよりも、はっきり断られるほうがいいことを知っているでしょう。

できないとわかっているのに、「うまくいくように動いてみます」とか、「たぶん大丈夫だと思うんですけど……」などと言っておいて、結局できないというのが最悪です。

あいまいにしておいて結局断るくらいなら、その場ですぐに断るほうが、相手へのダメージもずっと少なくてすみます。

断り方を身につける

エッセンシャル思考の生き方は、ノーを言いつづける生活です。

ですから、上手な断り方を何種類も身につけておいたほうがいいでしょう。

以下に、８つの例を紹介します。

１　とりあえず黙る

気まずい沈黙を怖がらず、沈黙を味方につけましょう。

誰かに何かを頼まれたら、少しだけ黙ってみるのです。

ゆっくり３つ数えて、それから自分の意見を言う。もう少し慣れたら、相手が気まずくなって何か言うまでじっと待ってみましょう。

２　代替案を出す

代替案を出して、相手に歩み寄りながら断りましょう。

たとえばお茶に誘われたときには、こんな答え方もあります。

「今は〇〇で手いっぱいなんです。でも、終わったらぜひご一緒させてください。夏の終わり頃でどうでしょう？」

文章を何度でも推敲《すいこう》できるし、直接顔を見なくてすむメールは、ノーを言う練習にちょうどいいツールです。

3　予定を確認して折り返す

いったん時間をおいて考えると、断ることが容易になります。

「予定を確認して折り返します」という言葉を使えば、その場でつい引き受けてしまうことがなくなり、自分のペースで仕事ができるようになるでしょう。

4　自動返信メールを利用する

休暇中や外出中に「今は返信できないので、あとで折り返します」という自動返信メールを使っている人もいるでしょう。

受けとったほうもいやな気持ちにならない、とても洗練された断り方です。

自動返信メールを普段から使ってみてはどうでしょう？

「現在、○○に忙殺されております。返信が遅くなりますが、どうかご理解ください」

5　どの仕事を後まわしにするか？

上司からの依頼は断りづらいもの。機嫌を損ねたら、どうなるかわかりません。

単にノーと言うのが難しければ、上司にトレードオフを意識させましょう。

たとえば、こんな感じです。

「はい、ではこの仕事を優先でやります。今抱えている仕事のうち、どれを後まわしにしましょうか？」

「今かなり仕事を抱えているので、これを無理やり差し込むと品質が落ちてしまいます」

6　冗談めかして断る

親しい間柄なら、冗談めかして断ってしまうことも有効です。

友人から、あなたの苦手なマラソンに誘われたなら、大げさに「絶対無理！」と言ってみてはどうでしょう。いい関係を築いている相手ならば「まったく、きみらしい答えだね」と笑ってくれるでしょう。

7　肯定を使って否定する

喜んで引き受けるふりをして、実は断るという高等テクニック。

たとえば「どうぞ僕の車を使ってください。キーを置いておきますね」と、親切な言葉を使いながら、運転は引き受けないという意志をきっぱりと表現しています。

いくらかは力になりたいけれど、全面的に巻き込まれたくない場合にきわめて有効です。

8　別の人を紹介する

「僕は無理ですけど、彼は興味を示すんじゃないかな」と言って、別の人にまわしてしまう方法です。自分を見込んで特別に頼んでくれたと思いたいところですが、実際は誰がやってもいい場合がほとんどです。

ノーを言うことは、優秀な人の必須スキルです。

どんなスキルでもそうですが、はじめはうまくいかないこともあります。それでも練習するうちに、だんだん技術が身についてきます。

試行錯誤を重ね、腕を磨いていけば、そのうちに断り方のレパートリーも増えて、そつなく断れるようになるはずです。

過去の損失を切り捨てる
——キャンセル

クレーンゲームのちっぽけな景品のために、ついついコインをつぎ込んでしまう。競馬で負けつづけても、「次の勝負ですべて取り戻してやる」と、さらにお金を賭けつづける。このように「ここでやめたら今までの投資が無駄になる」と思うあまりに、望みのない投資を重ねてしまう心理的傾向を「サンクコスト（埋没費用）バイアス」といいます。

超音速旅客機のコンコルドは、なんと30年も赤字を垂れ流していました。赤字はどんどんふくらみつづけ、投資額を回収できる見込みはゼロに近かったにもかかわらず、フランスとイギリスの政府は、採算の合わない投資をだらだらとつづけたのです。

サンクコストバイアスのほかにも、非エッセンシャル思考の人が陥りやすい罪はいろいろとあります。次に紹介するような罠《わな》に遭遇したら、勇敢に自分の過ちを認めてダメな行動をすっぱりと切り捨て、損失を最小限にとどめましょう。

・授かり効果

ノーベル賞を受賞した心理学者のダニエル・カーネマンが、こんな実験をしています。ランダムに選んだ被験者の半数にマグカップを与え、残りの半数には与えずに、そのうえでマグカップをもらった（所有した）グループには、「いくら払ってもらえればそのマグカップを手放すか」という質問を、残りの人には「そのマグカップを手に入れるのにいくら払うか」という質問をしました。

その結果、マグカップを持っているグループの答えが最低でも5ドル25セントだったのに対し、マグカップを持っていないグループの答えは2ドル25セント～2ドル75セントにとどまりました。所有しているという理由だけで、何の変哲もないマグカップの価値が3ドル分も高く感じられたのです。

こういったバイアスは、品物だけでなく、行動についても当てはまります。

たとえば、思わぬチャンスが舞い込んできたとき、「このチャンスを逃したらどう感じるか？」と考えるかわりに、「もしもまだこのチャンスが手に入っていなかったら、手に入れるためにどれだけのコストを払うか？」と考えるのです。

あるいは長期化している仕事のプロジェクトに対して、「もしまだこのプロジェクトに参加していなかったら、参加するためにどんな犠牲を払うか？」と考えてみましょう。

・現状維持バイアス

いつもやっているからという理由でそれをやめられない傾向を、「現状維持バイアス」と呼びます。当たり前のようにそこにあるものを、人は無条件に受け入れがちです。

このバイアスから自由になるために、ゼロベースというテクニックを使いましょう。

会社や部門で予算を立てるとき、普通は前年度の実績をもとにして考えますが、前年度までの予算を無視して、ゼロから考えるという方法もあります。「ゼロベース予算」というやり方です。手間はかかりますが、現状にとらわれず効率的なリソース配分ができ、無駄を省くことのできるメリットがあります。

これはお金の使い方や人間関係など、あらゆることに応用できます。

まっさらな状態で、時間やお金、エネルギーの使い方をあらためて考えてみましょう。

試験的にやめてみて本当にやめる

最近ビジネスの世界でよく聞く「プロトタイピング」。プロトタイプ、つまり大まかなモデルを作成し、本格的に取り組む価値があるかどうかを試してみるというやり方です。

何かをやめるときにも、同じやり方が応用できます。

本格的に撤廃する前に、簡単な形で試してみるのです。世界最大級のビジネスSNSを提供するリンクトインのディレクターであるダニエル・シャペロは、これを「逆プロトタイプ」と呼んでいます。

そのやり方は簡単。今やっていることを試験的にやめてみて、不都合があるかどうかたしかめるのです。利益に貢献するとは思えない手間がかかりすぎる報告書などをはじめ、顧客や友人や家族のために苦労してやっていること、ただ惰性でつづけていることを見直してみましょう。相手にとって何の意味もなかったということがあるかもしれません。

ためしに、その行動をいったんやめてみるか、あるいは簡素化してみましょう。

しばらく様子を見て、とくに誰も困らないようならやめてしまったほうがいいでしょう。

何かをやめることはそう簡単ではありません。今までの努力が無駄だったと思いたくない気持ちはわかります。しかし、自分の失敗を認めることが成功への近道なのです。

さまざまな心理的バイアスにとらわれず、きっぱりと「やめる」スキルを身につければ、人生はもっとシンプルになるはずです。

Column

仕事とプライベートの線引きはできるのか？

現代は、仕事とプライベートの線引きが難しい時代です。通信手段が進化したおかげで、24時間連絡がつき、休日にも仕事の対応を迫られることが珍しくありません。

しかし、人生でもっとも大事なものを選び、自分の大切なものを守るためには、この先はゆずれないという「線引き」が必要です。

仕事でもプライベートでも、自分が何を優先するか、何が妥協できて何ができないか、その境界線をあらかじめ明確に引いておきましょう。

自分の境界線を知るためには、他人に侵害されたと感じた出来事をリストアップしてみるといいでしょう。大げさなことでなくてもいいのです。イラッとする出来事があれば、それが境界線のヒントです。気乗りしないイベントに無理やり誘われたとか、頼んでもいないのに「いい話」を持ってきたとか。そこでいやな気持ちになったなら、それがあなたの境界線かもしれません。

PART 4

しくみ化する技術

ちょっとプリント印刷できない？
すみません他にやらないといけないことがありますので
Story4 今、この瞬間を生きる
教育の未来について話したいんだけどお茶でもしにいかない？
業務が残っていて忙しいのでやめておきます
野中先生
無理です
どいつもこいつも
田辺先生の影響受けて言うこときかないなんて…
プル
プル
腹が立つ

先輩の言うことを聞くのは社会常識でしょ！
じ…
す…すみません…
タッ
私が選定委員？
どういうこと？
あぁ ぜひ君にやってほしい
本を読むの好きだろう
えええっ

ちょっと待って
ちゃんと説明してよ
前に言ったよね 自治体から 子どもたちに 本を推奨する依頼を 受けているって
う… うん
それで 俺が考えた 企画が
『子どもたちが憧れる 職業の人たちが 選ぶ本10選』
子どもたちにも 人生を変える一冊を 見つけて欲しいと 思って
オレも 一冊の本で 人生が 変わったからな
essentialism
The Disciplined Pursuit of Less
GREG McKEOWN

でも
なんで
私が…？
俺が知っているなかで
貴代ちゃんほど
本を読む時
楽しんでる人はいない
田代さん
もう
読み終わったの
うん
楽しいね
うん
覚えてて
くれたんだ…
わかった
私でよければ
オススメ
できる本
10冊選ぶね
ピッ
通話終了
楽しみ
ぐっ
私のお願いは
断るくせに
お友だちの
仕事は
手伝うのね
仕事に支障を
きたすことは
許さないわよ

いや
これは
90点以上で…
ブツ
ブツ
90点？
何言ってんの
仕事よ
仕事
もちろん
仕事は
ちゃんと…
こ…
怖い…
図書室
今月《こんげつ》の課《か》
1年生 …『く
2年生 …『お
ドサッ
これ
お願い
田辺先生
こんなに
読めるん
ですか？
すごい量
ですね
中途半端な本を
薦めることは
できないし
貸出しの
記録更新
じゃない
これまで読んで
よかった本を
もう一度
読み直さないと
重い
ですよ
かしだし
みんな
待っててね
え…？
何を？
返却って
こと
じゃない？
よろ…
へんきゃく

さぁ読むぞ
あ
明日テストがあるんだった
印刷室混むから早めに印刷しておかないと
わぁこの紅茶美味しい
また買おう
ピロン
飲み会か
どうしようかなぁ
HAVE GOOD TEA

ぎゃ
もう
こんな時間
早く
寝なきゃ
ここテストに
出ますよ〜
まだなの
もう
少しです
ガシャン
ガシャン
ギロ
そ…
ちょっと
し…資料
です…
本当かしら
定食 居酒屋
うそだろ
まだ予定の半分も
読めていないの？

情けない…
昔に比べて読書にあてる時間は増えたはずなんだけど
なかなか進まなくて…
おいおい大丈夫か
イベントが多い時期だから用意もあってさ
保護者会
講演会
授業参観
バザー
社会科見学
それに相変わらず渡辺先生の監視が厳しいからいろいろと気になるし
また見てる…
こそっ
なるほど
クロノスとカイロスか
何それ？
しらなーい
古代ギリシャの時間を表す2種類の言葉さ
CHRONOS
KAIROS

クロノスとは
時計の針の動き
そのままの時間を
意味してる
だれがクロノスよ
一方カイロスは
物理的な時間の
定義ではなく
主観的な時間の
ことを言うんだ
「今」
この瞬間を
生きている
カイロスは
エッセンシャル
思考なんだよ
……
全然
わからないいん
だけど…
ゴンッ
この先の予定でも
なければ
昨日の出来事でもない
エッセンシャル
思考は 今ここに
集中するんだ
しゅううう
うわあっ

じっ…
君は読書をする時…
目の前の本だけに
100%
集中しているかい？
え…
次の日の予定を考えたり
食事をしたり
携帯を気にしたり
明日テストがあるんだっ
印刷室混むから早めに印刷しておかないと
わぁこの紅茶美味しい
また買おう
飲み会か
え…
えっと…
やってるね…
せっかく選択できるようになったのに
よけいな考えにエネルギーが奪われるのはもったいない
集中の対象をひとつに決めて
持てる力をすべてかけるんだ
けど…できるかな…
自信がない…
色々と並行してやりたい派だし…
そのためのテクニックをいくつか教えてあげるよ
ほんと！
ポイントは…

集中だ！
区立第二小学校
わっ
ドサ
返却します
もう全部読んだんですか？
え…
まだ数日ですよ
すごい早い…
ひえー
どっさり
次これね
どうやったらそんなに早く読めるんですか
ん
ドサッ
早く読める技術があるわけじゃないんだけど
ポイントは…

集中かな
集中…？
集中だ！って…
それがテクニックなの？
そうだ
不満そうだな
集中していれば効率は爆発的に上がる
つまりカイロスになるんだ
どうぞ
スッ
まず第一に
「今、何が重要か」を考える
①「今、何が重要か」を考える
②
③
どんっ
たとえばオフィスに帰ってきた時やらなくてはならないことに襲われることはよくあるだろ
プレゼンの準備
メールチェック
どうしよう
どれからやろう
留守電の確認
取材のまとめ
そういった時に混乱しないで目をつぶり

今、何が重要か
…を考える
そして やることが 決まれば…
じゃん
留守電の確認
取材のまとめ
これをやる
メールチェック
プレゼンの準備
集中するために 邪魔になるものを 排除する
携帯電話を 切ったり
部屋を 片づけたり
なるほどね
全然できてないわ
次に 未来を 頭の中に 抱えない
頭の中に 未来のことが 詰まっていると 今この瞬間に 集中できないだろ
①「今、何が重要か」を考える
②未来を頭の中に抱えない
③
だから 頭の中に あるものを 紙に吐き出す
やることリスト
取材のまとめ
・留守電の確認
・メールチェック
リストアップ することで やるべきことも 忘れないし
漠然とした焦りも なくなる
そして 最後に…

優先順位をつける
①「今、何が重要か」を考える
②未来を頭の中に抱えない
③優先順位をつける
キュ
今やるべきリストができたら番号を振って順番に片づけていく
どう？簡単でしょ
そ…そうですね…
けど…
先生ここ図書室ですよ
先生うるさい
わ
ごめんなさい
1カ月後――
評判いいよ君が選んだ10作品
図書館にこんなにも素敵な本が眠っていたなんてって声があがってるよ
よかった
そうそう今回のイベントで感想文コンクールがあったでしょ
うん

クラス全員が揃《そろ》って提出してくれたの！
すごくない？
それはすごい
どうして？
んふふ
実は偶然集中する方法を生徒に教えたらクラスで広まっていたの
①「今、何が重要か」を考える
②未来を頭の中に抱えない
③優先順位をつける
キュ
集中
音楽会以来クラスにまとまりができていたみたいで
前沢くんのおかげね
そりゃそうだろうハハハッ
…
なんかホメてソンした気分

『子どもたちが憧れる職業の人たちが選ぶ本10選』感想文優秀賞に
田辺先生のクラスの子が選ばれました
パチ
パチ パチ
パチ パチ
パチ
田辺先生のクラスは全員提出されていたそうですね大変素晴らしい
ピクッ
みなさんも田辺先生を参考にがんばってくださいね
田辺先生
キーンコーン

カーン
コーン…
な…
なんですか…
また
嫌味かな…
教えて
くれない？
え…
どうして
私の言うことを
聞かないのか
かいだんは
走らない

ドキ
ドキ
ど…
どういうことですか…？
ずっと素直ないい先生だったでしょ
言ったことは積極的に挑戦してくれていたし
その若さで学年主任だって引き受けてくれた
けど…
今はあの頃と違う
私の頼みごとは断るし
限られたことしかやらない
NO
3年
ぐっ
…なのに
学校内での評価が上がっている
他の先生方もあなたに影響されてマネをしだす
そんなことは許されないしあってはならない
そう思っていた
けど…

あなたのクラスの子どもたちはとてもイキイキと充実した目をしている
それにくらべて私のクラスの子どもたちは私に怯えている
私とあなた何が違うの…
教えて
捨てる勇気です

99%の無駄を捨て1%に集中する
渡辺先生も断る勇気を持ってみませんか?

最悪の事態を想定する
――バッファ

ものごとが予定どおりに進まない、設定した日に終わらない。なぜかいつもそうなってしまう、という人も多いのではないでしょうか？

不測の事態はいつでも起こります。世の中に確実なことなどありません。

それでも非エッセンシャル思考の人は、条件に恵まれたケースを前提として予定を立てようとします。希望的観測に従って生きているのです。

「5分もあれば着くだろう」

「この作業なら金曜までに終わるんじゃないかな」

「本気を出せば半年で完成するさ」

しかし、エッセンシャル思考の人は違います。万が一に備えてバッファ（緩衝）をとり、予定外のことがあってもペースを取り戻せるようにしておくのです。

そんな、バッファをつくるコツをいくつか紹介しましょう。

・徹底的に準備する

人類初の南極到達点をめぐって競い合ったロバート・スコットとロアール・アムンセンは、どちらも目標は同じでしたが、やり方は大きく違っていました。

スコットは最低限の量の物資と知識のみで出発しましたが、アムンセンはあらゆる物資を多めに準備し、あらゆる資料を読み漁《あさ》って準備しました。スコットが希望的観測で動いていたのに対し、アムンセンは最悪の事態を想定してバッファを十分にとっていたのです。

その結果、アムンセンたちは南極点到達に成功。スコットとその部下たちは、途中で無念の死をとげたのでした。

これは仕事でも同じです。やってくる苦難を予測することはできませんが、何が起こってもいいように徹底的に準備をすることが成功につながるのです。

・見積もりは1・5倍で考える

1979年にダニエル・カーネマンが提唱した、計画錯誤（プランニング・ファラシー）という言葉があります。作業にかかる時間を短く見積もりすぎる傾向のことです。

理由については諸説ありますが、ともかく、私たちはたとえ経験のある作業だとしても、当初の想定より遅れる傾向があるのです。

この状態から脱けだすには、自分が見積もった時間を、つねに1・5倍に増やして締切を設定することが有効です。1・5倍は多すぎると感じるかもしれませんが、実際それだけかかることが多いのですから仕方ありません。

こうしておけば、遅れそうになって焦ることもないし、思ったより早くできたときには（そんなことはめったにありませんが）余った時間がごほうびのように感じられます。

・シナリオ・プランニングでリスクを軽減する

ペンシルベニア大学ウォートン・スクールでリスク管理・意思決定センターのセンター長をつとめるアーワン・ミシェル＝カージャンは、マネジメント戦略を立てるにあたって5つの質問を投げかけます。

その問いは、個人のレベルにも応用できます。今取り組んでいるプロジェクト（仕事でも、家庭のことでも）について、次のように考えてみましょう。

①このプロジェクトにはどんなリスクがあるか？
②最悪の場合、どんなことになりうるか？
③周囲の人への影響はどのようなものがあるか？

④そのリスクは自分（会社）にとってどの程度の経済的負担となるか？
⑤リスクを減らすためにどのような投資をおこなうべきか？

この5つめの問いへの答えが、広い意味でのバッファとなります。

たとえばプロジェクトの予算を20％増やしたり、ネガティブイメージ対策として広報の人間を巻き込んだり、株価への影響を考慮するために取締役会を開いたり。そういう対策が、不測の事態に対する安全装置となるのです。

私たちの生きる世の中は、どんどん余裕がなくなっています。

それは車間距離を5センチしかとらずに時速100キロで疾走しているようなものです。前の車が少しでも速度をゆるめたら、たちまち大きな事故になります。一瞬のミスも許されません。そのため、何をするにもストレスがかかり、つねに追いつめられている感じがします。

そんな危険な状況を脱け出して、人間らしい余裕を取り戻すために、仕事でもプライベートでも、バッファを組み込むことを意識しましょう。

小さな一歩を積み重ねる
――前進

犯罪率を下げたいとき、普通は、法律を厳しくしたり、刑を重くしたり、犯罪撲滅の運動を立ち上げたりなど罰を与えることを考えます。

しかし、カナダのリッチモンド署の所長に就任した若く先進的なウォード・クラッパムは違いました。事後対応ばかりでなく、犯罪を未然に防ぐ取り組みはできないものか？という疑問から出発し、ポジティブ・チケット（善行切符）という新たな試みを考え出したのです。悪事ばかりに注目せず、いい行動に注目しようというアイデアです。

たとえば、ゴミを投げ捨てずにゴミ箱に捨てる。バイクに乗るときヘルメットをかぶる。スケートボードは決められた場所で乗る。学校に遅刻しない。

そんなささやかな善行に対して、ポジティブな切符を切ることにしたのです。

ポジティブ・チケットには、映画館やコミュニティセンター、ボウリング場などに無料で入場できるという引換券の役目を持たせることにしました。

これなら若者たちに居場所を与えることもできて一石二鳥です。最初は成果が見えにくかったものの、長期的な戦略として投資をつづけ、なんと10年後には青少年の再犯率が60%から8%に激減しました。

いいおこないが認められるたびに、若者たちはもっといいことをしようという気持ちになり、そのうちいいことをするのが当たり前になっていったのです。

警察にエッセンシャル思考を学ぶとは意外ですが、クラッパムの考案したポジティブ・チケットは、まさにやることを減らして成果を増やすエッセンシャル思考の成功例となりました。

日々のささやかな進歩が飛躍的な達成へとつながる

心理学の研究によると、人間のモチベーションに対してもっとも効果的なのは「前に進んでいる」という感覚だそうです。小さくても前進しているという手応えがあれば、未来の成功を信じられ、そのまま進みつづけようという力になります。

心理学者のフレデリック・ハーズバーグは、人の意欲を高める2つの主要因が「達成」

と「達成が認められること」であると説きました。

もっと最近の研究では、テレサ・アマビルとスティーブン・クレイマーが数百人の数千日間にわたる膨大な日記を分析し、「日々のささやかな進歩」こそがやる気を引き出し、高いパフォーマンスを可能にすると結論づけました。

彼らいわく「職場において感情・モチベーション・認知を高める諸要素のなかで、もっとも重要なのは、進歩しているという手応えである」そうです。

スタンフォード大学の元教授であり著名な教育者であったヘンリー・B・アイリングも、「大きな進歩を望むなら、日々何度も繰り返す小さな行動にこそ着目すべき」だと言っています。

健康な学生に「看守」か「囚人」の役を与え、仮の刑務所に配置するという、かの有名な「スタンフォード監獄実験」。この実験によって、悪い役割（囚人）を与えられた人たちの行動がたちまち悪影響を受けることが明らかになりました。

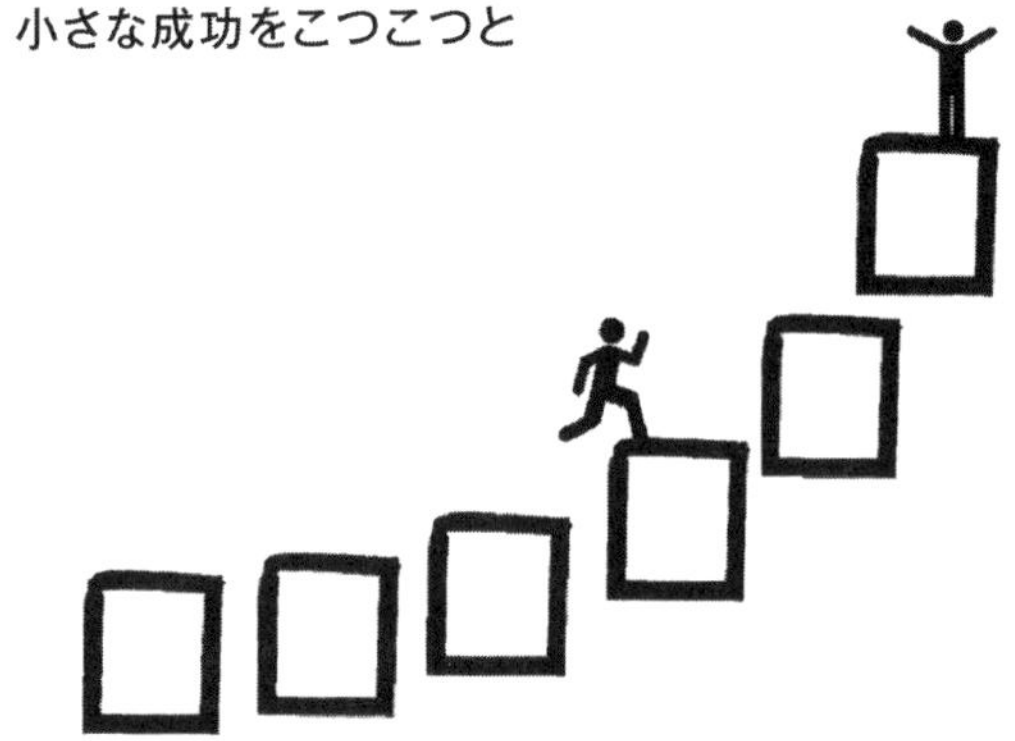

その立案者であるフィリップ・ジンバルドは、反対に、良い役割を与えた場合にその人の行動がポジティブに変化するかどうかを調べる「ヒロイック・イマジネーション・プロジェクト」という壮大な社会実験も試みています。正義の行動を評価・促進するシステムをつくることで、人びとはより勇敢になれるとジンバルドは考えています。

どちらを選ぶかは私たち次第です。良い行動を促進するシステムを築き上げるか、良い行動をするのが難しいシステムに甘んじるか。ポジティブ・チケットは前者に挑戦し、成功しました。私たちも、生活のなかに同様のシステムを取り入れることができるはずです。

コツは小さく始めること。小さな成功をほめて、地道な進歩を促進する、いくつか具体的なテクニックを紹介しましょう。

・最小限の進歩を重ねる

「完璧をめざすよりまず終わらせろ」という言葉があります。

シリコンバレーでよく耳にする言葉ですが、これは別に品質を無視しろという意味ではありません。瑣末なことに気をとられず、本質をやりとげろという意味です。

似たような意味で、スタートアップ界隈ではMVP（minimum viable product：実用最小限の製品）という言葉もよく使われます。「顧客にとって有用なことを最低限実現するには？」と考え、よけいなことをしないというやり方です。

これらを応用し、「実用最小限の進歩」というやり方を取り入れてみましょう。「重要なことをやり遂げるために、最低限意味のある進歩は何か？」と考えるのです。

アニメーション制作会社のピクサーも、同じやり方をしています。

脚本を書きはじめる前に、彼らはストーリーボードという一種の紙芝居を作成します。場面を簡単な絵で表現し、それをつなぎ合わせて流れをつくっていくのです。この作業を、小さな単位で何百回も繰り返します。やがて映画ができると、少人数の人に見せてフィードバックをもらいながら改善していきます。

少しずつ進むから、無駄な努力をしなくてすむのです。

・「早く小さく」始める

締切間際になんとか終わらせるのではなく、「早く小さく」始めて軽い負担で終わらせるのです。自分が今抱えている目標や締切を思い浮かべて、「今すぐできる最小限の準備はなんだろう？」と考えてみましょう。

数週間後や数カ月後に大事なプレゼンテーションの予定があるなら、今すぐ新しいファイルを開いて思いつくことをなんでも書きとめておきましょう。たった4分でかまいません。4分たったらファイルを閉じます。長すぎてはいけません。始めることが大事なのです。

ミーティングの予定が入ったらすぐに15秒間だけ時間をとって、そのミーティングの目的をメモしておきましょう。それだけで当日ミーティングの計画をつくる作業がスムーズに進みます。前もってすべてを終わらせておく必要はありませんが、ほんの少し準備しておけばよけいな苦労をしなくてすむのです。

・進歩を目に見える形にする

子どもの頃、目標達成のためのすごろくシートのようなものを使ったことがあるでしょうか。小さく進歩するたびにシールを貼ったりスタンプを押したりして、だんだんゴールに近づいていく。そのうちに、自然に良い行動が身についてきます。

これは大人でも有効です。子どもじみているなどといわずに、日々の進捗に小さなしるしをつけてみましょう。

小さな達成を繰り返せば、目標までの道のりは楽しく、満足感に満ちたものとなります。小さく始めて、日々の小さな進捗を評価する。それを何度も何度も繰り返す。最初から壮大な目標を立てるより、そのほうがずっと遠くまで行けるのです。

「今、何が重要か」を考える
――集中

過去の失敗について、くよくよ思い悩んでしまうことは誰にでもあるでしょう。

また、来週の会議、次のプロジェクト、この先の人生について、心配したり考えすぎてしまうことも。目の前にないものばかりが頭につきまといます。

過去の失敗や未来への不安にとらわれるのは、人としてごく自然なことです。

ただし、過去や未来のことを考えるたびに、目の前の大事なことがおろそかになるという事実も忘れてはなりません。


マンガ本編で取り上げたように、古代ギリシャには時間を表す言葉が2種類ありました。

「クロノス」と「カイロス」です。

クロノスは時計の針の動きそのままの時間を意味しています。

私たちが普段使っている時間だと思ってもらえればいいでしょう。

一方、カイロスは、ちょっと違った性質の時間を意味しています。

たとえば、好きなことに夢中になっていて気づいたらあっという間に時間がたっていたり、逆に退屈な時間を長く感じたりすることがあるでしょう。

こういったその人その人の持つ主観的な時間感覚がカイロスといえます。

クロノスでは、時間というものは過去から未来へ一定の速さでまっすぐ流れていくとされていますが、考えてみれば未来や過去は想像のなかにあるだけで、決して触れられません。そもそも私たちには「今」しかなく、私たちの行動がなんらかの力を持つのは、今ここにおいてだけです。カイロスは、今この瞬間にしか存在しません。

過去や未来のことを考えるのではなく、考えるべき、やるべきは「今」です。

「今、何が重要か」を考えリストアップする

今この瞬間に集中するためのテクニックを紹介しましょう。

メールチェック、留守電の確認、取材のまとめ、来週のプレゼンの準備など、やることが多く、何から手をつければいいかわからない……。

こんなときは、まず考えるのをやめて、深呼吸をすることです。心を落ち着けて、今この瞬間に何が重要かを考えましょう。そしてやるべきことをリストアップし、今すぐやること以外はすべて線を引いて消してしまいましょう。

次に、「今すぐ必要ないけれど重要なこと」「この先やりたいこと」をリストアップします。うまく形になっていなくてもいいので、とにかく頭の中にあるものを紙に吐き出していきましょう。頭の中に未来のことが詰まっていると、今この瞬間に集中できません。

紙に書くことには、2つの効果があります。

ひとつは、有用なアイデアを忘れないこと。そしてもうひとつは、「覚えているうちに何かやらなくては」という漠然とした焦りを感じなくてすむことです。

それが終わったら、「今すぐやるべきことのリスト」に優先順位の番号を振って、順番に片づけていきましょう。一度にひとつのことに集中し、終わったら線を引いて消します。

今すぐやるべきことをすべて手際よく終えれば、安心して眠ることができるでしょう。

エッセンシャル思考で「今、この瞬間」を生きる

今この瞬間に集中することは、マインドフルネスの実践でもあります。

東洋思想をベースとしたマインドフルネスは、今この瞬間の自分の体験や気持ちのみに意識を向ける、瞑想《めいそう》に似た方法です。「今、ここ」を感じられるようになれば、あなたのパフォーマンスは何倍にも高められ、同時に大きな喜びを知ることができるでしょう。

99％を捨てて1％に集中する。エッセンシャル思考を生きることは、後悔なく生きることです。本当に大切なことを見極め、そこに最大限の時間とエネルギーを注げば、後悔の入り込む余地はなくなります。自分の選択を心から誇りにすら思えます。

豊かで意味のある人生を選ぶか、それとも苦痛と後悔に満ちた人生に甘んじるか。この本を選ぶか、この本を読んでくれたあなたには、ぜひ前者を選びとってほしいと願っています。

そして人生の分かれ道に直面したら、自分にこう問いかけてください。

「本当に重要なのは何か？」

それ以外のことは、すべて捨てていいのです。

Column

悪い癖を正しい習慣に変えるには？

一流アスリートのなかには、試合の日、決まった行動を正確に繰り返すという人がいます。動作や思考を強力に習慣化することで、無駄な行動や考えを排除するのです。

習慣は妨害に打ち克つための最強の武器です。本質的な目標に向かう行動を習慣づけてしまえば、エネルギーを使うことなく、無意識のうちに目標を達成できます。

悪い癖を正しい習慣に変えるには、行動自体よりも、それを引き起こす「トリガー」に着目します。トリガーを見つけて、別の有益な行動と結びつけてやればいいのです。

たとえば、会社帰りのケーキ屋が、お菓子を買うことのトリガーになっているなら、その店を見た瞬間に向かいの惣菜《そうざい》屋でサラダを買うようにしてみましょう。

目覚ましの音がメールチェックのトリガーになっているなら、目覚ましが鳴った瞬間に本を手にとって読みはじめてみましょう。

最初はかなり抵抗があると思いますが、それでもやりつづけていれば、やがてその行動が習慣化し、無意識のうちに新しい行動が引き起こされるようになるはずです。

Epilogue

エッセンシャル思考で人生を変える

Story5 本質を知り、本質を生きる

あの渡辺先生も今やエッセンシャル思考の伝道者と言っていいほどのめり込んでいます
本当に重要なことを見定めるように
嫌なら断る
はっ はいっ
くくく ウケんな
あと実は今…
私もニューヨークにいます
え…
エッセンシャル思考のおかげで自分のために使える時間が増えたことと
OFFEE SHOP
NYC ROAST
自分の求めていることをする決断ができるようになれました
ずっとやりたかったこと
それは…

ニューヨーク公共図書館にしかない原書を読むこと
THE ASTOR LIBRARY
THE LENOX LIBRARY
THE NEW YORK PUBLIC
貴代ちゃん
急すぎるよ
ハァ
ハァ
しかも本のためにニューヨークって…
けど以前の私だったら憧れるだけでここに来ることはなかったと思う
え
この本の日本語版を読んで教師をめざそうと決めたの
だからずっと原書を読んでみたいと思ってたのよ
そうだったんだ
前に言ってたよね前沢くんもエッセンシャル思考で人生が変わったって
それが「エッセンシャル思考」との出会いだった
あの日俺の人生が変わったよ
…
何が書いてあったの？

私も
エッセンシャル思考と
出会えて
人生が変わったよ
ありがとう
ちなみに俺
今日
日本に帰るんだけど
えっ
せっかく
来たのに
ガーン
今度は
事前に
連絡してね

【著者紹介】

グレッグ・マキューン（Greg McKeown）

◉──シリコンバレーのコンサルティング会社THIS Inc.のCEO。エッセンシャル思考の生き方とリーダーシップを広めるべく世界中で講演、執筆をおこない、アップル、グーグル、フェイスブック、ツイッター、リンクトイン、セールスフォース・ドットコム、シマンテックなどの有名企業にアドバイスを与えている。ハーバード・ビジネス・レビューおよびリンクトイン・インフルエンサーの人気ブロガー。スタンフォード大学でDesigning Life, Essentiallyクラスを開講。著書『エッセンシャル思考』（かんき出版）と共著書『メンバーの才能を開花させる技法』（海と月社）は、ともに米国でベストセラーになっている。2012年には世界経済フォーラムにより「ヤング・グローバル・リーダーズ」に選出された。

マンガでよくわかる エッセンシャル思考《しこう》　〈検印廃止〉

2017年 3月21日　第1刷発行
2024年11月15日　第7刷発行

著　者──グレッグ・マキューン
訳　者──高橋　璃子
発行者──齊藤　龍男
発行所──株式会社かんき出版
東京都千代田区麴町4-1-4 西脇ビル　〒102-0083
電話　営業部：03(3262)8011㈹　編集部：03(3262)8012㈹
FAX　03(3234)4421　振替　00100-2-62304
http://www.kanki-pub.co.jp

印刷所──大日本印刷株式会社

ISBN978-4-7612-7246-3 C0030